Mémoire d'acteur

Michel Bouquet
Fabienne Pascaud

Mémoire d'acteur

PLON

ISBN 2-259-19483-4.

PROLOGUE

« *Qu'est-ce que c'est que cette mauvaise plaisanterie : Qu'est-ce que c'est que ça ? Qu'est-ce que c'est que cette condition qui nous est faite ? Qu'est-ce que ça veut dire ? C'est un jeu d'enfant ? Qu'est-ce que c'est que cette histoire ? Comment est-ce que j'ai vécu pour mourir ?* »

Ces questions viennent à l'esprit de tout le monde, ces questions épouvantables, tout à coup. On sent que les forces commencent à se disloquer, tout ça commence à traîner la patte à l'intérieur. Il y a un côté banquise qui se dégèle. Il y a le dégel. Ça commence à s'en aller de tous les côtés. Et là, vient aussi une espèce de panique. Quand même, c'est normal. Une panique. Alors les médecins... On s'y résout. Et puis après on pense qu'on est peut-être, peut-être je dis bien, des créatures de Dieu. Peut-être. On ne peut pas le savoir exactement, personne, ni même Jean-Paul II. Il peut en avoir la foi mais il ne peut pas le savoir. Après, on y pense de plus en plus et on se dit : « *Ah, c'est dommage que je n'y ai pas pensé plus tôt.* »

On joue avec ces jouets, comme le malade imaginaire de Molière : il est exactement dans ce cas-là. Il est ballotté par des pensées qui sont véritablement sidérales, sidérales.

Moi, je ne suis pas du tout malade imaginaire, mais je sens que je pourrais le devenir. J'avais soixante ans quand j'ai joué le rôle. Je sentais que ça pouvait venir, que ça allait venir. En fait, ce n'est pas venu vraiment, encore maintenant où j'ai soixante-quinze ans, ce n'est pas encore venu. Mais enfin il y a des petites choses, oui il y a des petites choses qui me font penser que j'y suis, ou que j'y serai bientôt...

Curieusement, maintenant, je me trouve être si proche de l'enfant que j'étais. Je suis resté un enfant, naïf, très naïf. D'ailleurs, je pense qu'on doit essayer de rester un enfant tout le temps, parce que c'est l'âge où l'intelligence est la plus brillante. Mais cette intelligence, on ne sait pas qu'on l'a. Un acteur doit rester naïf, c'est-à-dire qu'il doit être intelligent sans le savoir, et pas là où il croit qu'il l'est.

En général, les gens intelligents se servent de leur intelligence pour se pousser des coudes, pour des choses, des actes qui ne sont pas intelligents. A ce moment-là, l'intelligence, je n'en vois pas très bien l'intérêt. Enfin, si, pour arriver. Mais enfin, arriver dans quel état et à quoi ? Tandis que la naïveté mêlée de traces d'intelligence, naturelle, intuitive ! Les enfants ont ce don, les enfants sont d'un charme inouï parce qu'ils sont enfants. Je les regarde. Je me souviens de mes enfants, je regarde mes petits-enfants, c'est une merveille, c'est vraiment une merveille.

D'ailleurs on leur cède tout, d'ailleurs on est obligé de les adorer, on ne peut pas faire autrement. Le pouvoir, le pouvoir qu'on aurait, si on pouvait garder ça ! Les êtres seraient plus généreux entre eux, ils seraient plus drôles, ils seraient plus inventifs.

Si les adultes étaient tous un peu des enfants, on vivrait dans la joie.

Moi j'étais un enfant extrêmement doux, charmant, gentil, révolté un peu et d'un tempérament assez anarchique, mais anarchique doux. De mon enfance, je ne me rappelle rien. Des années de tunnel où je me disais : « Si c'est ça la vie, ce n'est pas la peine d'être là. » Je me réfugiais dans l'atonie, on ne pouvait rien me faire entrer dans la tête. Je me réfugiais dans les histoires que je m'inventais, dans mes rêves. On ne pouvait pas me faire sortir de mes rêves. Personne. On ne pouvait pas, c'était impossible.

Et maintenant, c'est une surprise pour moi, je me retrouve proche de ce que j'étais enfant. C'est vrai. Mais j'ai fait plusieurs peaux, oui, comme chaque être humain. Quand la vie est devenue plus facile, à un moment, je l'ai prise en gourmand, vraiment. Je suis devenu tout autre. Puis est née l'envie d'être plus rigoureux, plus travailleur. Alors je suis devenu intransigeant, avec des brutalités, un sens aigu de ma position. J'étais même un peu désagréable, un peu antipathique. Oui, oui, j'ai pu être antipathique. Puis, une sorte de souplesse, une détente, plus de calme se sont insinués. Et de nouveau un enfermement en moi-

même pour le travail : fermer les portes sur le monde extérieur pour ne plus être distrait, pour être en moi, pour travailler. Mais j'ai bien remarqué aussi que je vais vers plus d'abnégation, de tendresse humaine. L'idée de la mort m'effraie moins, bizarrement, pour le moment en tout cas.

Travailler, travailler. Le travail est une chose sacrée pour moi. Je ne comprends pas qu'on puisse aimer les loisirs. Je ne comprends pas. Parce que je trouve que le travail est une chose divine. Évidemment, je fais un métier particulièrement beau, mais je dois dire particulièrement dur et dangereux même. Tous les métiers sont durs, mais celui-là impose une exigence personnelle à chaque instant de la journée avant qu'on entre en scène. C'est très dur de vivre, par exemple, les quarante-huit heures avant une première. Je connais beaucoup de gens qui diraient « je ne veux pas passer par là ». Il faut prendre quelquefois six bains dans la journée pour essayer de calmer l'angoisse. Il faut dire son texte dans sa tête, le ruminer pendant des heures pour être sûr que le soir, avec les bouffées d'adrénaline, pendant la représentation, on n'oubliera rien, on sera en mesure d'être assez calme pour pouvoir tenir deux heures, toutes les secondes de deux heures, ça fait beaucoup, beaucoup de secondes, et ces secondes elles doivent être pleines, elles doivent être dans le jeu, elles doivent être occupées par des choses précises, et en même temps inventer, si possible, si l'on veut être très bien. Ces quarante-huit heures sont très désagréables, très pénibles. Les gens qui font cette profession le savent, et c'est vraiment héroïque qu'ils aient le courage d'entrer en scène et de commencer. Après, on a une certaine joie qui dure une heure ou deux.

Et soudain, on pense que demain il faudra refaire. Alors là, commence la sérénade inverse, c'est-à-dire véritablement il faudra refaire. Ce n'est pas comme le peintre qui peut dire : « Je reprends mon travail dans trois, quatre jours. Je suis content de cette toile, je veux retravailler dessus, mais on verra... Quand j'en aurai vraiment envie. » Là, non, c'est à heure précise, ce n'est pas à 9 h 5, c'est à 9 heures ! Il faut être là deux heures auparavant, il faut bien se préparer, il faut faire ce qu'il faut, combattre le trac, il faut que la journée soit totalement remplie par la préparation pour le soir. Non, c'est un métier de chien où il y a beaucoup, beaucoup, beaucoup de difficultés à vaincre, et même de dangers.

Le trou de mémoire ! Ça, c'est un danger, une inquiétude traumatisante, surtout maintenant qu'il n'y a plus de souffleur dans les théâtres, il n'y a plus personne, on est complètement dans le vide. Alors que faire ? Redire, redire, redire, redire, redire, redire jusqu'à ce que ça devienne comme « Notre Père » et « Je vous salue Marie ». Redire, redire, redire, redire, redire. Alors on a peut-être une chance de s'en sortir. Parce que plus on invente dans le jeu et plus on prend de risques avec la mémoire. On invente, évidemment dans des balises bien inscrites, une trajectoire bien assurée, mais à l'intérieur de ce chemin tracé il y a la part d'invention qui fait la vie, la part qui échappe à l'acteur lui-même qui est entraîné par le rôle. Tout d'un coup, on se demande : « Qu'est-ce que je dis après ? » puisqu'on est surpris par ce qu'on est en train de faire. On fait une chose qu'on n'a jamais faite, donc on est distrait en quelque sorte.

Il faut accrocher les wagons avec ce qui suit. Ce n'est pas toujours toujours commode.

Pourtant le beau jeu, c'est le jeu qui vous surprend, c'est évident. Le public le sent. Il sent très bien si l'acteur raconte son histoire, fait sa sauce, ou si l'acteur est vraiment pris par l'histoire et vit à l'intérieur de l'histoire qu'il raconte. Mais c'est au prix d'un risque. Jouer ainsi, c'est toujours passionnant, c'est rarement amusant. C'est toujours passionnant, c'est toujours inquiétant. Allier la mémoire, la mémoire du texte avec le jeu...

Si le jeu me surprend, forcément le travail sur ma mémoire devient un exercice terrifiant. Plus on s'applique à entrer complètement dans une certaine seconde de jeu, sans aucune espèce de balise, plus on risque que la réplique suivante soit hasardeuse. On joue sans filet, là, il ne faut pas s'arrêter, on ne peut pas s'arrêter, il faut passer d'une réplique à l'autre, il faut..., il faut prier le ciel qu'on entrera aussi complètement dans ce qui suit. Ce n'est pas toujours, toujours évident. C'est inquiétant, dangereux, mais c'est gratifiant. Une fois qu'on a fini et qu'on a tiré son petit feu d'artifice en s'appliquant bien : le pétard 1, le pétard 2, le pétard 3, le pétard 4, le pétard 5, etc., jusqu'au bout, quand on a tiré ses 100 ou 120 pétards ou 130 pétards dans la soirée, on se dit : « Bon, très bien, ça a marché. » Alors, à ce moment-là, on ressent une sorte de... oui, de bonheur, on ressent du bonheur. Mais une demi-heure après, on se dit : « Ai-je bien tiré mes pétards ? Alors ça ?.. Ah bien, j'essaierai de les tirer un petit peu mieux demain. »

Et puis ça recommence et puis... à l'infini, comme ça, à l'infini pendant tout le temps où on joue. Mais, bizarrement, quand on s'arrête de jouer et qu'on est enfin tranquille, on se dit : « C'est un peu monotone. »

Il faut toujours être dans une bonne condition physique quand on joue. Moi je passe ma journée à dormir le plus possible. Quand on rentre du théâtre, évidemment, on est très très nerveux, très réveillé, il faut bien le dire. Pour trouver le sommeil, c'est long, long. Alors, mettons que vers 2 ou 3 heures au matin, le sommeil vient. Je dors normalement jusqu'à 9 heures, 10 heures, ça dépend des jours. Puis je m'occupe à relire... Ensuite je vais faire des courses pour la maison, je vais chez tous les épiciers du coin, chez le poissonnier, c'est des amis. Je prends la température de l'actualité. J'entends les doléances des autres, je fais les miennes. Souvent les miennes sont les plus tonitruantes parce que je suis un citoyen assez provocant. Je rentre et puis, ma femme et moi, on se fait un petit frichti, on mange très légèrement. Ensuite, je vais me recoucher, pour faire le vide, pour retrouver une peau nouvelle. Le sommeil de la nuit est fait pour réparer. Tandis que le sommeil de l'après-midi qui dure une heure et demie, deux heures selon les jours, c'est un sommeil fait pour le vide, c'est-à-dire changer complètement de peau pour que tout soit neuf le soir, tout soit nouveau.

Vers 5 heures, je me mets dans mon coin et je redis mon texte. Comme ça, pour être bien sûr, pour être bien sûr de ce que je peux proposer comme enrichissement pour le soir, comme surprise aussi. Et puis, on va au théâtre. On se pré-

pare, on attend l'heure de la représentation, on remet en place la mémoire et on attend la bonne surprise ou le cadeau du ciel. Des fois, il vient, des fois il ne vient pas, des fois il se refuse. Quand il se refuse, on passe une sale soirée, on prend sur les nerfs, on s'arrache les nerfs en jouant, ce qui n'est pas bien. Mais on fait comme on peut. Si la salle est bonne, au bout d'un moment, au bout de dix minutes, un quart d'heure, on sent que ça roule, que ça va, comme les journées qui se passent bien. Celles où on se lève, où on dit : « Oh, ça va être une bonne journée aujourd'hui. » C'est un peu la même chose, c'est une belle soirée, c'est une bonne soirée. On est content mais très énervé, évidemment.

En tournée, les journées se passent à voyager, à se reposer en attendant la représentation, à venir vers 5 heures ou 6 heures au théâtre pour voir la salle, écouter comment elle sonne. Quelle est l'atmosphère qui s'en dégage ? Comment adapter l'atmosphère de la pièce à celle de la salle ? Il faut s'adapter et cela exige une concentration encore plus grande que dans les théâtres où on a l'habitude de jouer. C'est une vie studieuse, très studieuse, la tournée, surtout si on fait du ville à ville, ce qui arrive assez souvent... Il faut parcourir des kilomètres, il faut trouver le petit moment de repos, accomplir le travail au théâtre, puis repartir, quelquefois, le lendemain ou le surlendemain, refaire 300, 400, 500 kilomètres et puis recommencer dans une autre salle. On est entre récupération et devoir.

Ce qui est bon dans la tournée, c'est de rencontrer des choses différentes. Oui, rencontrer, rencontrer des arbres, rencontrer de l'eau, rencontrer des vents différents, rencon-

trer des ciels différents, oui, des atmosphères de villes différentes... Ce qui est bon c'est de changer d'air. On passe de
l'air de l'océan, par exemple, à l'air d'Auvergne, et puis
après on arrive à l'est, on respire l'air de Nancy ou de ce qui
entoure, après on passe à l'air de la Cannebière, alors c'est
un autre air. Puis on retourne à Bourges, c'est encore un
autre air. Finalement, c'est pas si mal que ça, ces change-
ments d'air permanents. C'est un peu fatigant mais c'est
excellent pour la santé. Les acteurs vivent vieux, d'ailleurs,
tout en faisant des choses absolument insensées. Parce qu'on
fait 22 000, 25 000, 30 000 kilomètres dans une tournée,
c'est courant. Donc on change d'air. Il faut subir le choc,
évidemment, il faut s'habituer, mais c'est finalement excellent.

C'est bon aussi de changer de spectateurs. La même pièce
dans le Midi et à Lille, ça n'a rien à voir. On a joué à
Morteau, dans le Doubs, Avant la retraite de Thomas
Bernhard. C'est le pays où mon père est né, enfin juste à
côté J'étais troublé quand j'ai vu l'itinéraire de la tournée :
« Mais qu'est-ce qu'on va faire à Morteau avec Avant la
retraite » ? Il y a un tout petit théâtre, 250 places. On a
planté le décor, c'est un joli petit théâtre, mais très, très
petit. Il y avait tous mes cousins, cousins germains et tout ça
qui venaient de tous les côtés pour me voir. La salle était
pleine et, bizarrement, on a commencé Avant la retraite
dans ce contexte et ils ont ri, et ils ont ri, ils ont ri, ils ont
ri. Sur les premières répliques de Véra qui dit : « Les filles,
elles viennent de la campagne, elles ne savent rien », la salle
fait « oh... » ; puis : « Il ne faut pas aider les pauvres, disait
mon père, les pauvres on leur fait du bien et puis ça ne

change rien », éclats de rire, éclats de rire. Alors je me suis dit : « Mais quelle santé il y a dans ce pays ! » Le public était d'un dynamisme magnifique. Ils ont pris ça dans le nez, ils étaient contents, heureux. Mais quelle santé ils ont ces gens ! Des Francs-Comtois, bien solides sur leurs bases. Ça fait plaisir. Ils pigent tout au quart de tour. Le texte peut paraître un peu difficile, mais eux, ils marchent, c'est comme... boire un canon ! Ils pigent tout. Ils pigent tout.

Voilà ! Il y a des publics comme ça. Ils viennent pour entendre la vérité. En revanche, il y en a d'autres qui sont extraordinairement choqués par la vérité. Avec ceux-là c'est toujours un rapport de force. « Tu veux me faire peur, je te fais peur. » C'est un rapport où il faut, il faut absolument gagner la partie. Si le spectateur n'est pas gentil, il ne faut pas hésiter à se servir de la matraque... Oui, il faut le forcer, le forcer à écouter, le forcer à écouter même ce qu'il ne veut pas entendre.

Il faut s'y prendre d'abord comme on peut. Selon les minutes qui passent, il y a diverses possibilités : le charme, la persuasion, le travail sur le rôle... Si les spectateurs résistent, s'ils ne veulent pas entendre, si Strindberg les dégoûte, il faut leur montrer que Strindberg c'est très, très bien, que dans la vie ils voient du Strindberg. Alors il faut leur prouver que dans la vie ils sont dans la même situation que les héros de La Danse de mort ou dans une circonstance semblable à celle, par exemple, du neveu de Rameau. Ils doivent entendre les vérités, ils doivent entendre ce qu'est la position d'un anarchiste marginal en pétard contre la société, même en rigolant, mais en pétard, ils doivent entendre parce qu'ils doivent savoir... Ils savent que ces gens existent dans la vie mais ils ne les entendent pas parler, ils savent qu'ils sont aux coins des rues, qu'ils sont là, là, là, mais ils doivent les entendre parler et être confrontés à eux puisqu'ils sont venus. Et ça, c'est un travail, c'est un travail de vérité.

Ceux que la vérité choque, il faut leur montrer que leur propre condition est effrayante pour qu'après ils s'en délivrent. Ils doivent entendre la vérité de ce qu'ils pourraient être s'ils étaient dans un parti, par exemple, où on les oblige, où on les oblige tout à coup, au nom du parti, à tuer, à envoyer des gens à la chambre à gaz. Il faut qu'ils sachent ce qui arrive aux gens qui ont cette destinée, ce sort, et il faut qu'ils réfléchissent et qu'ils comprennent au travers de ce qu'ils ont vu que ces choses existent, que ces choses font partie de la vie. Et puis que le bonheur aussi ça existe quand on joue des pièces qui touchent au bonheur... L'important c'est que la vérité ait été dite même s'ils ont passé une soirée qui les a choqués ou troublés ou même un peu embêtés. Ce n'est pas très grave, ça, du moment que la chose est faite, du moment que la messe est dite.

La cruauté est un signe que l'on approche de la vérité. Tout ce qui n'est pas cruauté est sujet à caution. Ou alors, il faudrait arriver à la sainteté. La sainteté, on ne la contesterait pas. D'ailleurs, elle a un aspect très cruel la sainteté, aussi. C'est vrai, la mystique, le dévouement pour les autres, toutes ces choses-là comportent une part de cruauté très souvent plus dangereuse que la vraie cruauté. Je vois beaucoup de cruauté dans une attitude très charitable. Ça me fait *peur, ça me fait vraiment très peur, plus peur que quel-qu'un qui aurait une agressivité apparente.*

Les infirmières me font peur, par exemple. Ou les gens qui vous disent : « Mais oui, calmez-vous. Mais oui, cal-mez-vous. Mais vous êtes bien, mais vous êtes bien aujour-d'hui. » Je vois là-dedans quelque chose qui n'est pas normal. Toutes ces attitudes très polies... Finalement, je n'aime pas ça. Non. Je préfère quelqu'un qui vous envoie des paquets à la figure, assez difficiles à supporter des fois. Ces gens-là souvent quand on gratte un peu, quand on les connaît un peu mieux, cachent des choses beaucoup plus gentilles, profondément gentilles. Ou je préfère l'attitude des vieux qui s'énervent par exemple, comme moi — ça m'ar-rive —, des vieux qui s'énervent, qui disent : « Mais qu'est-ce que c'est ! Mais qu'est-ce qui se passe ! Mais on en a marre ! Mais ceci ! Mais cela ! » On dit sur le moment : « Mon Dieu, ils sont agressifs ces gens ! » Souvent, c'est le signe d'une profonde honnêteté, le signe d'une compassion pour la vie en général.

C'est peut-être un petit peu paradoxal mais je crains beaucoup tout ce qui s'épaule sur le bien-être, sur le léni-fiant, sur le laxisme, sur les pansements. « Oh, oui, vous êtes bien malheureux, etc. » Je trouve que c'est très perfide et finalement assez dégoûtant.

J'aime le théâtre parce qu'il exprime la cruauté... Finale-ment la cruauté est une sorte d'abandon, un abandon au définitif, à ce qui est définitif. On peut s'énerver contre la mort, on peut s'énerver contre la vieillesse, on peut s'énerver contre la maladie, on peut, à ce moment-là, être cruel, mais cette cruauté, à mon avis, est saine parce que la condition qui nous est faite n'est pas commode. On passe son temps maintenant avec des gens qui vous disent sans arrêt : « Oh, quelle merveille de vivre ! Quelle splendeur ! Quelle magnificence ! Quelle beauté de vivre ! » Mais ce n'est pas du tout vrai ! Personnellement, ces discours me dégoûtent. Je préfère qu'on me dise franchement ce qu'on a à me dire.

D'ailleurs, dans le métier d'acteur il est important d'être entouré de gens qui ne vous cachent rien. C'est pour ça que j'ai un très grand respect pour les gens qui me disent la vérité. Ma femme en premier lieu, qui me connaît bien, qui sait très bien jusqu'où je peux aller et qui ne me fait aucun cadeau pendant le temps du travail. Et c'est une preuve d'amour que j'estime, moi, plus importante, beaucoup plus importante et beaucoup plus merveilleuse que les éloges : « Ah, ce que vous êtes bien ! Ah oui, vous êtes merveilleux ! oui, c'est magnifique ! » qui ne mènent à rien. On ne peut pas se permettre de raconter des histoires aux gens, on ne peut pas se le permettre, aucun être humain ne devrait se le permettre. Si je pousse les choses à l'extrême, je trouve qu'on devrait inventer une école de la cruauté. On obtiendrait des résultats certainement meilleurs !

Si on peut dire toutes les vérités, en tout cas, c'est au théâtre. C'est la beauté du théâtre. On peut tout se permettre. Tout est étalé au grand jour : les tyrans, les bourreaux, les victimes. Tout est là. Les amours malheureuses, toute la panoplie des possibilités de présence dans la vie des êtres, de ce qui peut les agresser, leur faire mal, de tout ce qui peut aussi leur faire du bien, mais surtout de ce qui fait mal. Tout est exprimé au théâtre et tout a le droit d'être exprimé. C'est le seul endroit où on peut dire toutes les vérités. C'est pour ça que, moi, je pense que le théâtre est religieux d'une certaine manière, et plus sain que les églises où l'on pleure beaucoup, où l'on s'apitoie... Non, là, on montre le fond de l'âme des individus et les conséquences par les actes des possibilités de catastrophes qui les menacent. J'estime que c'est une école de vérité où la cruauté a sa place.

Je n'aime pas la cruauté pour la cruauté. Chaque fois qu'on me fait mal, je crie : « Aïe ! » évidemment. Et quelquefois, je me mets franchement en colère quand tout à coup quelqu'un me dit des vérités sur mon travail, mais que j'ai du mal à supporter. Je trouve dans ces moments-là que la cruauté, ce n'est pas très rigolo. Mais je maintiens qu'elle est salutaire. Une fois que j'ai réfléchi un petit peu, que j'ai corrigé certaines faiblesses dans l'interprétation, je pense : « Mon Dieu, bénie soit la vérité qui m'est tombée sur la tête. » Et je remercie la personne qui a eu le courage de me la dire parce que c'est ce qui fait avancer.

Mais il n'y a pas qu'au théâtre que la vérité soit nécessaire. Je me souviens. Au début de la guerre, j'avais quinze ans. Sur les murs de la ville, on lisait : « Nous vaincrons parce que nous sommes les plus forts », ou je ne sais quelle connerie. Et puis, du jour au lendemain, voilà les gens terrorisés qui s'enfuient sur les routes, l'argent qui ne vaut plus rien, plus de gouvernement... Ce pays dont on avait vanté les mérites tombait tout à coup et d'un seul coup comme ça, *les armées ennemies avançaient... J'étais complètement sidéré.*

Et après, que s'est-il passé ? Un enfer, une horreur. Une horreur, une misère ! Un état de décadence absolue, de folie. Les gens se dénonçaient pour un appartement, dénonçaient des Juifs à côté ou n'importe qui pour avoir l'appartement, la délation... Ce fut une époque abominable, une époque honteuse, et en même temps extrêmement courageuse quand même parce que les gens tenaient le coup : le froid, la faim, une misère morale épouvantable, et puis voir son pays occupé, occupé par d'autres, pas le droit de la ramener, être complètement soumis... Quelle horreur cette époque, mais quelle monstrueuse chose !

Elle a forgé ma lucidité en tout cas, elle a forgé ma capacité de ne plus me faire d'illusions sur ce monde. Plus aucune illusion. Ah non, alors là, on ne m'aura pas avec des oui, oui et des béni-oui-oui et des trucs comme ça. Ça, on ne m'aura pas, je ne me fais aucune illusion sur le monde. Sur les humains, oui, mais sur le monde des humains non. Ah non, les gens sont capables de tout, sont féroces entre eux... C'est abominable ce monde, il est dur, il est âpre... Il peut y avoir pendant quelque temps un relatif consensus d'attente, mais quand ça se met à frapper, ça frappe dur. Je plains les pauvres, je plains les émigrés qui sont obligés de vivre en dehors de leur pays pour trouver un peu à se nourrir, je plains vraiment les gens qui connaissent la guerre civile parce que c'est ce qu'on peut connaître de pire. Et il faut bénir tous les jours de paix en joignant les deux mains.

Ce monde d'aujourd'hui, non, ce monde je ne le comprends pas. Je ne comprends plus rien. Qu'est-ce qui a changé ? Ce sont les bases, les bases mêmes de la société qui ont changé. Il y a une fascination du changement, on l'entérine comme fatal, sans s'apercevoir que ce sont les bases qui ont changé. C'est-à-dire que, désormais, dans notre société, la qualité est devenue un défaut et le défaut est devenu une qualité. Dans ce brassage terrifiant, que devient l'être humain normal qui n'a pour seul but que d'essayer d'accréditer en lui la qualité comme une chose nécessaire ? L'homme de talent est inutile, et l'homme sans talent est important : tout est complètement retourné. Dans une civilisation de masses, il faut aplanir, aplanir au maximum. Mais alors, permettez à l'être humain que je suis, qui a basé toute sa vie sur certaines options près de la fraternité et près du désir d'obtenir de soi des choses difficiles, permettez-lui de tenir un certain cap par rapport à la qualité. Cette qualité étant devenue un défaut, il se retrouve floué, il s'est fait avoir, il est banni, en quelque sorte. C'est comme ça.

Ce qui me trouble, ce qui me choque, c'est que l'individu avait une certaine importance qu'il n'a plus. Dans une civilisation de masses, l'individu n'a plus la même importance. Donc, s'il n'a plus la même importance, il n'a plus les mêmes devoirs, donc il n'a plus les mêmes règles, donc... C'est comme ça, mais ce n'est pas le monde tel que je le connaissais, tel que je le sentais.

Ce changement est insidieux. Tous les jours les choses se transforment et on ne le voit pas parce qu'on est occupé ailleurs, parce qu'on a ses travaux à faire, parce qu'on a sa famille à nourrir, parce qu'on a des responsabilités, parce qu'on a... Alors on ne le voit pas, on est occupé, on ne voit pas que le monde change. Et je ne crois pas que les gens qui ont les responsabilités de sauvegarder certaines valeurs dans un pays, les politiques, entre autres, le voient non plus parce qu'ils sont très occupés par les problèmes urgents de la journée, et ils ne le voient pas. Mais le monde galope, galope vers quelque chose qui n'est pas contrôlé, en tout cas pas contrôlé visiblement. Alors, je vois là les dieux qui s'amusent de nous. Et je pense qu'on n'y peut rien.

Ou si ! Continuer au théâtre à dire toutes ses vérités au monde ! Même les plus gênantes et les plus terribles. C'est un endroit où c'est permis, encore. C'est l'endroit où la conscience des individus est en contact avec elle-même et peut débattre, intérieurement, en silence, avec les grands esprits, depuis que le monde est monde. C'est fait pour ça, oui.

Le spectateur n'en sera peut-être pas plus avancé puisque le monde bouge tellement... Mais il sera dans la main des dieux ! De Dieu, ça je ne sais pas, mais des dieux, oui : des dieux de la sexualité, des dieux de la conscience, des dieux de la morale, des dieux de toutes sortes... Et puis c'est mieux d'être en conversation avec Shakespeare que de lire le journal, c'est quand même mieux.

Le monde avance et, tout à coup, on se retrouve devant une réalité qui fait vaciller la conscience. On construit sa vie sur des bases qui ne sont que des pilotis fragiles, très fragiles. Tout peut s'ébouler du jour au lendemain. C'est un sentiment que partagent tous les gens âgés. D'ailleurs, c'est peut-être une des explications que la mort, au bout du compte, est véritablement inscrite dès le départ. Puisqu'on ne comprend plus rien, on n'est plus tout à fait utile. C'est normal que la mort existe pour donner le point final, arrêter la plaisanterie.

Il m'est arrivé d'avoir un coma hépatique, un jour, un coma hépatique, comme ça. J'ai eu la sensation que tout le monde raconte et qui est connue, la sensation d'une libération totale, de ne plus être gêné par mon corps. « Enfin, je vais me débarrasser de ça. Quel bonheur ! Quelle merveille ! Je ne vais plus être qu'esprit, je m'en vais... » C'est la fusée Ariane... Je pense que les gens devraient se rendre compte très tôt — mais est-ce possible ? — que la vie est d'une fragilité incroyable et qu'on n'y comprend rien.

Peut-être seraient-ils un peu moins prétentieux. Parce que ce qui est embêtant dans les problèmes de vie, c'est que les gens s'octroient la prétention ou la vanité ou l'envie ou la jalousie. Ils ne devraient pas se permettre un tel entretien de ces défauts qui sont véritablement assez répugnants. Ils sont fragiles, comme les feuilles qui vont tomber en automne. Ils ne sont pas plus que ça. Alors, qu'ils ne la ramènent pas trop quand même !

Moi, la vie m'échappe. Je sais que je ne peux pas la comprendre, elle m'échappe à tout moment. Alors, je n'essaie pas... Les textes, c'est au moins une chose qui est solide, c'est comme un morceau de pierre qu'on va tailler et puis qu'on va poser pour construire une architecture magnifique. Ce *morceau de pierre il a un sens. Mais, nous, notre vie, elle n'en a pas beaucoup, elle n'a pas un vrai sens...*

Il y a des gens qui savent. Des gens complètement envahis par le savoir et la culture. Il y a cette toile de Raphaël où on voit des cardinaux qui sont à table. Et on sent qu'ils ont une connaissance, une connaissance des secrets du monde. Ce sont des êtres entièrement tournés vers le savoir, vers la connaissance, absolument pas distraits par les choses accessoires de la vie, le fait d'avoir ceci ou cela ou de ne pas l'avoir, sans la moindre ambition, dont le regard est simplement tourné vers les choses essentielles. Il y a une sérénité qui se dégage d'eux, la certitude que c'est ainsi qu'il faut vivre et pas autrement et refuser de se laisser embarquer dans des frivolités. Non, être simplement avec l'envie de savoir, de savoir dans quel monde on est, de le dominer en ne se laissant jamais surprendre par aucune des choses même atroces ou terrifiantes qu'il peut produire, être à la hauteur, être à la hauteur de l'événement.

Cela ne s'apprend que dans le silence. Le silence est absolument nécessaire, la solitude, la solitude. Ne plus être distrait, c'est la condition nécessaire à toute création, que vous soyez écrivain, peintre ou acteur. Je suis plutôt solitaire, j'aime me retirer. J'aime jouer au théâtre, mais pas dans la vie. J'ai ma part au théâtre, je suis suffisamment gâté, je n'ai plus besoin de jouer dans la vie.

1

ENFANCE

Le 6 novembre 1925 venait au monde Michel Bouquet quatrième et dernier fils de Georges et de Marie. Père d'origine franc-comtoise, né dans un village à quelques kilomètres de Morteau, mère d'origine bourguignonne, née dans un village à quelques kilomètres de Dijon. Ils se sont justement rencontrés là-bas, à Dijon, et mariés à Dijon. Après la guerre de 14-18, la famille est venue s'installer du côté de Paris, dans un petit pavillon plutôt triste de la mairie des Lilas. Michel s'en souvient à peine. Ou seulement d'un long couloir ; et au bout du couloir, d'un cellier où son père tirait lui-même son vin de grandes barriques qu'il faisait venir spécialement de Bordeaux. Le petit garçon l'aidait à mettre des bouchons sur les bouteilles. Attenant au cellier, il y avait un semblant de jardin, un maigre bout de gazon, au pied d'un haut mur noir et charbonneux.

Qui donc était Georges, ce père taciturne ? Sur son géniteur, Michel Bouquet reste discret. Il avoue aujourd'hui s'en sentir curieusement proche mais regretter de ne l'avoir peut-être pas assez aimé ni compris.

Il évoque plus gaiement, plus gaillardement les frères de son père, les oncles paysans de Franche-Comté. « Des hommes de western, habillés de pantalons de cuir qui tenaient debout lorsque ces vaillants cow-boys agricoles les enlevaient ! Ils s'appelaient Constant, Numa. Ils habitaient dans les fermes traditionnelles du pays, avec ces grandes cheminées octogonales ouvertes sur le ciel, avec les bêtes omniprésentes tout autour du logis. Ils les nourrissaient bien, afin qu'elles fassent les meilleurs jambons, les meilleures saucisses. Ils étaient en parfaite osmose avec elles. Pour le reste, ils étaient constamment prêts à s'enflammer, notamment contre tout ce qui pouvait enfreindre leur liberté. Dès qu'une chose coinçait, ils se révoltaient, c'étaient des rebelles. Numa, d'ailleurs, avait été deux ou trois fois en prison ; je ne sais plus pourquoi, mais il en était sacrément fier, et c'était devenu une vraie légende dans la famille... Je me sens proche de leur côté révolté, vaguement anarchiste. Même si ces oncles restaient au fond de braves et fidèles citoyens ; c'était juste leur fusion avec la nature toute proche qui les rendait agressifs contre tout ce qui pouvait entraver ce lien. Moi-même, je reste très soumis aux intuitions de la nature, je suis sensible à ses formes, à son architecture secrète. Même citadin, même comédien, je me sens toujours paysan franc-comtois. »

Georges, le père, avait pourtant préféré fuir la vie à la ferme. Vaillant combattant de la guerre de 1914-1918, qu'il commence comme simple soldat et achève avec le grade de capitaine, il participe à la bataille de la Marne, à l'expédition des Dardanelles, à Verdun enfin. Et décide de rempiler dans l'administration militaire dès son retour, puis devient chef comptable à la préfecture de police. Mais les terribles affrontements l'ont-ils perturbé à jamais ? A la maison, Georges Bouquet est devenu sombre et muet sitôt rentré. Il ne retrouve le charme et l'humour de sa jeunesse trop vite enfuie que lorsqu'il reçoit quelques vieux compagnons de la guerre, évoque avec eux les tranchées, boit quelques verres. Pas mal de verres.

Sitôt l'effet du vin passé, l'homme se mure à nouveau dans sa neurasthénie, sa solitude ; ne parle plus pendant de longs mois. Peut-être était-il davantage doué pour l'aventure dangereuse, au loin, avec les copains, que pour la vie de famille ; pour l'individualisme, l'indépendance, que pour le rôle de pater familias à la maison. La mère prend progressivement sa place.

En 1939, Georges Bouquet repart se battre. Comme s'il ne pouvait résister aux combats. Michel a quatorze ans. Son père est fait prisonnier quatre ans durant en Poméranie ; il revient avec le grade de commandant cette fois, mais plus muet encore. Entre-temps, le fils s'est au contraire lié à la parole ; il est entré au Conservatoire national d'art dramatique. Avec le mélancolique père-soldat, il était destiné à perdre tout contact. Même si aujourd'hui il se reconnaît en lui. Dans ses propres silences, dans ce côté renfermé, reclus, qu'il dit pourtant tenter d'endiguer. Même s'il avoue lui devoir aussi le goût d'une certaine marginalité, d'une certaine liberté d'esprit. « Il n'avait que ses silences pour s'exprimer, moi, j'ai pu m'en sortir. »

On ne sait pas comment Georges a fini par mourir. Par réellement disparaître, d'absence en absence. Michel n'en a plus parlé. L'ombre du père s'en était allée. Comme bien des ombres du passé.

Oublier ce qui dérange, oublier ce qui a fait souffrir :
on peut être comédien, homme de textes, de mémoire,
et vouloir nier les souvenirs qui font mal, occulter ce qui
blesse, ou l'évoquer à sa façon, le réinventer sans presque
s'en rendre compte. Peut-être même est-ce l'unique
façon de renaître vierge à chaque nouveau rôle à interpréter, à chaque nouveau personnage à incarner ? Mieux
vaut ne jamais se laisser trop toucher et abîmer par les
effluves du temps retrouvé.

De son enfance, Michel Bouquet retient ainsi peu de
scènes. Images nocturnes de la mère modiste, Marie,
petite femme énergique et rigoureuse à la volonté de fer,
travaillant comme une forcenée jusqu'à 3-4 heures du
matin chaque jour pour confectionner ces fringants chapeaux qui lui permettront d'élever convenablement ses
quatre fils : Georges, Bernard, Serge et Michel. Elle
quittera bientôt le pavillon triste de la mairie des Lilas
pour s'installer en 1937 au 11 de l'élégante rue La Boétie,
dans un bel immeuble où elle pourra enfin apposer sa
plaque de modiste... Images tendres de la grand-mère
maternelle, séparée jeune d'un mari vigneron alcoolique,
maîtresse-femme venue aider sa fille unique à garder
les deux petits derniers, à leur prodiguer douceur et
attention.

Un jour, il a fallu pourtant compléter leur éducation
plus sérieusement. Comme on l'avait déjà fait pour
Bernard et pour Serge — Georges, lui, était directement
parti au petit séminaire —, on décida d'envoyer Michel
comme pensionnaire à l'école Fénelon, à Vaujours, en
Seine-Saint-Denis. Installée dans un ancien pavillon de
chasse du XVIIe siècle, cette sévère pension ouverte au

début des années 1900 fut d'abord un orphelinat tenu par les Frères des Ecoles chrétiennes où les jeunes enfants étaient éduqués à cultiver, jardiner, pour subvenir eux-mêmes à leurs besoins. Quand les frères Bouquet y débarquent, l'établissement s'est laïcisé, ouvert à l'enseignement général, et compte quelques six cents élèves, répartis en classes de cinquante, selon une organisation quasi militaire aux forts relents disciplinaires. L'école Fénelon tient presque de la maison de correction.

Michel a sept ans. Il se souvient comme d'hier de ce 1er octobre 1932 où, les bras croisés sur son petit pupitre, il s'est tout à coup rendu compte qu'il ne verrait plus sa mère avant les vacances de Noël. Près d'une centaine de jours et de nuits à attendre. Une immensité de jours et de nuits... Il regarde alors par la fenêtre de la classe ; sur le sinistre préau, la nuit, déjà, tombe. Il se prend à rêver. A rêver peut-être à sa mère, à ses chapeaux.

Sans qu'il s'en rende compte, le professeur est venu se coller sévèrement en face de lui, en face du petit pupitre. L'élève Bouquet avait très mal croisé ses bras, affirme le professeur : on ne mettait pas ses mains, comme il l'avait fait, de part et d'autre de chaque bras, c'était provocant, insolent. Non, il fallait poser une main dessus, une main dessous, c'était le règlement.

Et l'élève Bouquet dut alors, sans bien comprendre, tendre ses doigts au professeur qui soudain brutalement l'exigeait, tendre ses doigts devant tout le monde, pour recevoir devant tout le monde sa première punition, ce premier coup de règle censé lui apprendre à vie comment il devrait dorénavant croiser les bras. C'était comme ça. Ça avait commencé comme ça. L'élève Bouquet n'a jamais oublié cette première scène-là.

2

LA PENSION

Sept années de tunnel. Sept années de solitude. Michel Bouquet sortira de la pension Fénelon avec un certificat d'études qu'il avoue avoir obtenu avec beaucoup de difficultés et peut-être même par protection. Tout juste s'il a l'impression d'avoir jamais été à l'école, d'y avoir appris quoi que ce soit. Le grand interprète de Molière, de Diderot, de Cendrars ou de Michaux se plaint même avec humour et modestie d'avoir toujours une mauvaise orthographe et d'écrire comme un enfant ; il répugne encore à rédiger des lettres, s'y sent peu sûr de lui. C'est qu'il s'est formé autrement, plus tard, et avec la passion violente et désordonnée des autodidactes.

A sept ans, à Vaujours, il n'était encore, dit-il, qu'un enfant extraordinairement doux. Mais déjà une sorte d'anarchiste doux, définitivement rebelle à tout ce qui pouvait avoir trait à l'enseignement. Il ne voulait rien retenir, rien enregistrer ; il voulait que rien en lui ne subsiste de ce monde si brutal, si grossier, si sournois. Quel effroi pour le gamin sage qui aimait à observer le travail délicat de sa mère modiste que de se trouver tout à coup plongé dans l'enfer d'une cour de récréation où grands et petits sont indistinctement mêlés, où les plus costauds se divertissent à massacrer les plus fragiles avec la complicité tacite de tous...

A propos de l'école Fénélon, Michel Bouquet évoque souvent l'atmosphère noire et blanche, opaque et étouffante, fantastique et oppressante de *Zéro de conduite*, le superbe film mi-naturaliste, mi-surréaliste que Jean Vigo réalisa en 1932, tel un corrosif pamphlet anarchiste contre l'institution sous toutes ses formes ; Vigo qui lui aussi eut une enfance difficile et connut la vie rude de l'internat.

Soixante-dix ans après, l'ex-pensionnaire de Vaujours reste toujours aussi révolté par la cruauté de l'endroit, le sadisme et la perversité qui y régnaient sans partage. Mieux valait alors se réfugier dans une sorte de léthargie, d'indifférence ; un peu comme il avait vu son père le faire, des jours durant, là-bas, à la maison, aux Lilas. D'autant que, pendant sept ans, il n'est jamais parvenu non plus à se faire de solides camarades qui l'auraient sorti de sa volontaire somnolence. Il a essayé pourtant ; mais il avait, confie-t-il, beaucoup de mal à s'approcher des autres, à s'en faire apprécier.

Parce qu'il avait choisi de fuir dans le rêve la trop dure réalité et que les rêveurs semblent inaccessibles, font peur ? Contre la barbarie de ses congénères, le doux Michel a opté d'emblée pour l'atonie, s'est réfugié dans la torpeur. Dès le premier jour de classe, sa mélancolique inattention lui avait valu un coup de règle ; bientôt il se fera presque un devoir de cette absence au monde. Il préfère en effet être puni, abonné au piquet, de jour comme de nuit — dans la salle de classe, la cour de récréation et jusqu'au dortoir, le soir — plutôt que participer aux terreurs en tout genre de l'école. Plutôt que pactiser. C'est sa forme de résistance à lui, sa grande force intérieure déjà. « Ils étaient anéantis par ma douceur ; ils n'avaient plus aucune prise ; ils sentaient en moi quelque chose de lisse, d'irréductible, de fermé qu'ils ne pourraient pas atteindre, encore moins dominer ; j'étais imprenable. Ça les irritait considérablement, les punitions redoublaient. »

Le piquet. Dans le meilleur des cas, l'élève est au fond de la classe, debout, tête baissée, mains dans le dos. Quand le maître veut être méchant, il lui fait porter, en plus, une grosse bassine d'eau, bras tendus, pendant cinq minutes ; succèdent dix minutes de repos ; puis cinq minutes de bassine d'eau à nouveau ; et ainsi de suite, tant que l'élève paresseux ou insolent l'aura mérité...

Michel Bouquet ne se souvient de sa scolarité que comme d'un immense, et interminable, et absurde piquet. On imagine que la silhouette même de ce garçonnet brun, maigrichon, taciturne, au visage impassible, à l'apparence constamment passive, devait encore davantage exaspérer ses maîtres que ses devoirs médiocres. D'ailleurs à longueur de temps puni, debout, les mains dans le dos et la tête baissée, il ne pouvait forcément étudier aucune leçon, ni réussir aucun exercice. La boucle était bouclée : de nouvelles sanctions venaient encore et toujours réprimer la mauvaise qualité du travail, selon un enchaînement kafkaïen que rien n'aurait su briser.

A peine entré en classe, tôt le matin, le jeune Michel avait déjà depuis la veille plusieurs piquets de retard. Ce qui l'entraînait parfois très loin dans la nuit, où il devait rester éveillé debout au pied de son lit, jusqu'à 22,

23 heures le plus souvent, tandis que tout le monde dormait autour de lui ; son frère Serge, par exemple, le lit à côté du sien, ce bon élève qui jamais n'était puni. Mais Michel ne se plaignait pas, il paraissait se moquer au contraire de ces calamités constamment renouvelées. Il était fier. C'était bien aussi ce qu'on lui reprochait... Le piquet, après tout, était juste un peu fatigant pour le dos, les reins. L'élève récalcitrant aura passé finalement sa scolarité debout. Sept ans, quasiment debout.

Mais quel entraînement pour le futur acteur ! Car seul dans son coin, abandonné, on se raconte forcément des histoires pour survivre à l'ennui, se venger, peut-être. Michel Bouquet se rappelle ainsi de formidables et très heureux scénarios où il fuyait au loin, prenait le bateau ou le train, visitait seul des pays merveilleux où lui arrivaient quantité d'aventures héroïques et pittoresques. De piquet en piquet, le film picaresque se poursuivait, se compliquait, s'achevait... Et lui d'apprendre de mieux en mieux à se projeter dans d'autres univers, à sortir de son quotidien, à se réinventer. Et pour cela à se connaître chaque jour davantage, à dialoguer de plus en plus intimement, profondément avec lui-même. Mais rien qu'avec lui-même. « De moi à moi, avec tous mes moi possibles. Je l'ai appris là. J'ai été forcé de l'apprendre là. Avec les autres, hélas ! je ne pouvais pas. Ça deviendra par la suite presque une particularité de mon jeu, cette connivence absolue, obligée avec soi ; une limite peut-être aussi, une difficulté à jouer avec les autres... »

Comment changer les habitudes d'enfance, quand elles vous ont permis de résister à la détresse, au malheur ; quand elles vous ont forgé le caractère, quand

elles vous ont permis de devenir adulte. Evoquant le
piquet, le comédien parle aujourd'hui de plaisir solitaire.
Il en a tiré le goût de se construire lui-même, de vivre à
l'intérieur de lui-même en ne se préoccupant que de lui,
en ne se servant que de lui... Seule son épouse, Juliette
Carré, est, selon ses aveux, désormais capable de le faire
sortir de cette citadelle intime édifiée pierre à pierre dès
l'enfance. Personne avant elle n'en avait trouvé la clé...

Le piquet, c'était aussi un observatoire du petit monde
scolaire constamment étonnant. Dans son coin, l'élève
Bouquet était le témoin silencieux de tout. Des violences
de la récréation, sans que jamais personne ne s'avise de
lui donner le moindre coup : n'était-il pas puni ? Des
turpitudes de la vie du dortoir, le soir, quand debout au
pied de son lit, seul dans le noir, avec pour unique repère
lumineux, au fond, les rideaux blancs qui entouraient le
lit du professeur qui les surveillait (et devait lire encore
avec sa veilleuse), il assistait à des va-et-vient suspects, à
des manèges bizarres et autres scènes mouvementées dans
les toilettes toutes proches, à droite. Il n'a jamais vraiment oublié l'odeur entêtante de ces toilettes, ni l'anima-
tion nocturne. A l'époque, pareils défilés choquaient le
petit garçon encore naïf qu'il était ; condamné en plus à
ne rien divulguer de ce qu'il apercevait, s'il ne voulait pas
que redoublent ses tourments diurnes.

Une école de voyeurisme ? Le jeune Bouquet est alors
trop refermé sur lui-même, trop occupé à ses aventures
intérieures pour tirer autre chose que du dégoût de ce
qu'il voit et la confirmation qu'il vaut mieux ne s'intéresser qu'à soi. Reste un mystère : comment l'artiste
étonnamment cultivé qu'il est devenu, fin connaisseur

de littérature, de peinture, de musique, n'a-t-il jamais éprouvé la moindre curiosité pour ce qu'on lui enseignait ? Par orgueil peut-être, le même orgueil qui le faisait se tenir si droit au piquet : « C'est ce que je découvrais par moi-même qui m'intéressait, pas ce qu'on pouvait m'apprendre. Alors les mathématiques, je m'en foutais complètement, et la littérature, je n'avais pas encore compris très bien ce que c'était... Moi, j'étais d'abord un fanatique du sensoriel, de ce que je pouvais capter, par mes sens, de l'existence. Ce qui me donnait en même temps un cerveau infantile et extraordinairement ouvert aux choses comme elles sont. Pourquoi les cailloux sous le préau avaient-ils, par exemple, cette place, et pas une autre ? Et de quoi d'ailleurs étaient-ils faits ? De telles questions pouvaient me tenir en éveil des heures... Et pourquoi encore la craie laissait-elle des traces blanches sur le tableau noir ? Tout m'étonnait. J'adorais me poser des questions. J'adore toujours me poser des questions. »

De sept ans de pension, de sept ans de trou noir, Michel Bouquet sortait donc, presque malgré lui, étrangement bien armé. Davantage solitaire, aussi : il ne cite aucun camarade et n'a guère eu de contact là-bas qu'avec son frère Serge. A Vaujours, le champion du piquet aura au moins developpé sa force intérieure, son impénétrable résistance. Il en aura besoin. Quand, en juillet 1939, il quitte l'école Fénelon, à quatorze ans, son médiocre certificat d'études en poche, l'adolescent Bouquet ne se doute pas qu'il n'y retournera plus jamais. L'horizon politique s'est en effet dangereusement assombri. Le 3 septembre 1939, l'Angleterre et la France déclarent la guerre à l'Allemagne

3

L'EXODE

De retour à Paris, Michel Bouquet rejoint le domicile familial de la rue La Boétie, où sa mère travaille toujours d'arrache-pied et réussit plutôt bien ; elle s'est fait une bonne clientèle dans le quartier. L'appartement donne sur un garage ; et Michel se souvient davantage des odeurs de ce garage, des sensations qu'elles provoquent, que de ce qu'il fait alors de ses journées, maintenant qu'il est libéré de l'austère pension Fenelon. La déclaration de guerre accélère pourtant les choses. Georges Bouquet père est mobilisé, part pour le front, se retrouve très vite, on l'a vu, prisonnier en Poméranie. Ne restent rue La Boétie que la mère, la grand-mère et les deux derniers fils — l'aîné, Georges, est au séminaire à Carthage, le deuxième, Bernard, s'est engagé dans l'armée où il fera ensuite une belle carrière.

Comparée à l'horreur des sept années passées, cette époque nouvelle, sous le regard aimant de la mère et de la grand-mère, pourrait presque paraître heureuse, tranquille et belle. Mais la guerre tombe brutalement sur tout le monde ; et personne n'était prêt à une défaite si rapide.

Michel Bouquet se souvient encore, pendant le printemps 1940, de ces grandes affiches patriotiques placardées triomphalement sur les murs de Paris, et qui disaient à peu près : « Nous vaincrons parce que nous sommes les plus forts ! » Et, le 14 juin, les Allemands entraient dans la ville.

Quelques jours auparavant, des milliers de Parisiens, que commençait quand même à effrayer l'arrivée prévisible de l'ennemi, s'étaient jetés sur les routes. La famille Bouquet en faisait partie. Affolée par les rumeurs qui couraient sur le comportement des soldats allemands, Marie Bouquet avait décidé de quitter Paris, à pied, le 12 au matin : première direction, Villeneuve-Saint-Georges, où elle savait qu'existait un camp de réfugiés. Après, on verrait... A la hâte, elle avait rassemblé ses biens les plus précieux ; à Michel avait été confiée la lourde valise où était dissimulée l'argenterie ; à son frère Serge, le reste. Tous trois étaient très chargés. Michel ne se rappelle plus ce que portait la grand-mère, ni même si la grand-mère était réellement là.

Le voyage avait été si pénible. D'abord, on était parti de la place Saint-Augustin. De bon matin, des valises plein les bras. Elles ne paraissaient pas si pesantes au début ; mais les kilomètres succédant aux kilomètres, Michel ressentait de plus en plus une violente douleur provoquée par un panaris. Ses piquets permanents en pension ne l'avaient pas rompu à ce type d'exercices physiques ; l'effort inhabituel à fournir ce matin-là virait tout à coup à l'enfer, au martyre. D'autant qu'ils ne savaient pas vraiment ce qu'ils allaient découvrir le soir à Villeneuve-Saint-Georges. Et retrouver tout au long de leur marche pénible et forcée les orgueilleuses et triomphantes affiches d'hier — « Nous vaincrons parce que nous sommes les plus forts ! » devenait d'une ironie terrible, d'une dérision sinistre.

Michel Bouquet ne s'en est jamais vraiment remis. Devant ses yeux adolescents, habitués pourtant à observer à la pension pas mal d'hypocrisies et de mensonges, s'étalait maintenant la plus absurde, la plus grotesque des contradictions, la plus cruelle aussi : on avait fait croire aux Français qu'ils gagneraient la guerre sans difficulté —, ces affiches héroïques, là, devant lui — et voilà qu'on les plongeait dans la pire des chienlits. Sur la route, tous ces gens paniqués, débarqués de partout, des Belges, des Hollandais, avec des valises plus lourdes qu'eux, la mère dans un absolu état de détresse, le panaris, l'argenterie...

En une seule journée, le gamin rêveur de jadis avait la brutale révélation de l'envers du décor : tout ce qu'on avait voulu lui faire croire sur son glorieux pays n'était donc que bourrage de crâne, beaux pansements pour colmater des blessures de toutes sortes. Le fameux pays était tombé d'un seul coup, comme un château de cartes. Même l'argent, soudain, n'y valait plus rien ; on ne trouvait plus à manger ; il n'y avait plus qu'une espèce de gouvernement fantoche à Bordeaux ; il n'y avait plus rien du tout... Hier Paris s'affirmait capitale du monde, aujourd'hui elle n'était qu'une pauvre cité bientôt occupée qu'on fuyait comme la peste.

Pareilles oppositions, pareil affrontement de situations contraires, extrêmes, ne pouvaient que sidérer un garçon trop rompu à l'art d'observer. Jusqu'à la révolte, jusqu'au dégoût. Comment pourrait-il avoir confiance désormais ? Sur la route de Villeneuve-Saint-Georges, ce 12 juin-là, dans la chaleur, dans la fatigue, sont entrés à jamais la méfiance, l'incrédulité devant l'autorité, et sans doute un certain anarchisme, dans la tête du jeune Bouquet. L'épuisant périple devenait voyage initiatique.

Arrivée dans la petite ville de la banlieue sud tard dans la soirée, la famille, harassée, s'y endort sur de mauvaises paillasses, au milieu de la halle, entourée de milliers de réfugiés, comme eux affamés. Pas question de trouver de quoi dîner. Alors dans cette débandade-là, la mémoire bientôt se perd, préfère l'oubli...

Après Villeneuve-Saint-Georges, le lendemain matin, la mère et ses fils partiront à pied autre part, se débrouilleront comme ils peuvent pour prendre un train à Sens, et parvenir jusqu'à Lyon avec l'argenterie, les valises et le panaris enfin guéri. Mais dans l'esprit de Michel Bouquet, l'odyssée familiale aura laissé de rudes cicatrices.

4

PROFESSION MITRON

A Lyon, la famille a trouvé asile cours Charlemagne, chez la tante Marguerite, sœur de Georges Bouquet. Mais Marie, la mère, ne veut pas être une charge pour sa belle-sœur. Elle demande vite à ses fils de travailler, pour apporter un peu d'argent à la maison, participer aux dépenses du foyer. Michel, qui n'a pas grand bagage scolaire, accepte qu'on le place comme mitron dans une boulangerie lyonnaise, La Gerbe d'or. Il trouve d'abord ça très rigolo, mitron : le charme des croissants croustillants, des gâteaux et du bon pain chaud. Et puis la toque blanche, le grand tablier, le costume déjà.

Mais l'apprentissage ne s'avère pas rigolo du tout. Il faut se lever tous les matins à l'aube, traverser Lyon à pied par le froid et passer sa vie les mains dans la farine. Depuis l'équipée de Villeneuve-Saint-Georges, il a si fort la hantise d'être roulé dans la farine... Il ne s'y résigne que pour contenter sa mère ; il sait qu'elle est seule et désarmée depuis que leur père est prisonnier. Il reste ainsi à La Gerbe d'or quelques mois et accepte d'obéir à des ordres qui ne lui plaisent pas.

Michel Bouquet ne reconnaît-il pas avoir depuis l'enfance la passion de l'obéissance ? Se soumettre aux dures exigences d'un travail à accomplir, ou plus souvent d'une punition, les accepter avec plaisir ne l'auront jamais empêché d'exercer son esprit de révolte, de stimuler son tempérament aux élans anarchistes. Au contraire. Pour que son sens de la rébellion puisse pleinement se déployer, il explique volontiers qu'il doit à tout prix maintenir en lui un certain sens de l'ordre et de la discipline. Sinon à quoi servirait d'être contre, qu'est-ce que ça pourrait, même, signifier ? Comment découvrir et savourer tel Rimbaud, à quel point « Je est un autre » ? Obéir pour désobéir, obéir pour mieux façonner son autorité. « Les grands hommes de pouvoir sont de grands obéissants », conclut le comédien avec malice.

L'obéissance, une vertu sacrée, selon lui trop oubliée... Enseignée dans les vieilles écoles républicaines comme dans les vieux catéchismes d'autrefois, elle apparaîtrait presque anachronique aujourd'hui ; paradoxale et dévalorisante en un temps où priment l'esprit d'initiative et la capacité d'innover. Se faire le serviteur d'un travail, d'une entreprise, d'une idée semble même dépassé. Et pourtant, quelle étrange liberté d'exister derrière l'apparente soumission aux choses...

Quand pointe l'hiver 40-41, Marie Bouquet a envie de rentrer rue La Boétie. Après l'armistice avec la France, la fin de la guerre ne se dessine toujours pas ; elle pourra être longue, très longue. Autant revenir à Paris où l'existence, vue de Lyon, ne semble plus si barbare ; et où le bel appartement risque d'être occupé si on ne se manifeste pas. Dans le climat de misère morale qui s'est abattu sur le pays, profondément meurtri d'être soumis, muselé par des étrangers, les gens ne sont-ils pas capables de se dénoncer les uns les autres pour le plus petit bénéfice ?

Marie Bouquet redoute que son appartement ne lui soit pris sur une quelconque délation. Et Michel se rappelle encore avec horreur le climat féroce qui régnait en ce temps-là : trahisons en tout genre, hypocrisies, mensonges et compromissions. De quoi ôter à l'adolescent ses dernières illusions sur le monde. Multiplier sa méfiance, l'acuité de sa perception, aussi. « Et pourtant les gens tenaient le coup, malgré le froid, la faim. C'était une époque abominable, honteuse, c'est vrai, et en même temps, paradoxalement, extrêmement courageuse... »

Rue La Boétie, Marie et ses fils ont heureusement tout retrouvé. Et rejoint enfin la grand-mère. Marie Bouquet reprend chez elle son travail de modiste ; elle se lance même dans la fabrication de capuches chaudes et commodes pour aider ses clientes à mieux lutter contre le froid. Il fit si froid, ces longs hivers-là. Michel Bouquet se souvient des deux trois édredons que sa mère glissait sans succès chaque soir sur son lit ; au matin, il n'était toujours pas réchauffé. Le froid s'était peu à peu installé jusque dans les os.

Puisqu'il avait commencé un apprentissage de mitron, sa mère trouve normal de le lui faire continuer chez le grand pâtissier Bourbonneux, place du Havre, face à la gare Saint-Lazare. Il n'ose pas s'en plaindre. Au moins peut-il se réchauffer, quelquefois, devant le four. Car c'est surtout à des tâches réputées subalternes qu'il doit s'appliquer le mieux possible, dès 5 h 30 du matin :

casser les œufs, brasser ensemble la farine et les œufs, rouler la pâte brisée ou la pâte feuilletée... A l'heure du déjeuner, il lui faut encore donner un coup de main à la cuisine, pour préparer à manger au personnel.

Le jeune Michel Bouquet était un employé docile, plein de bonne volonté, mais vite apeuré. Or la brutalité toute masculine qui règne dans les sous-sols de la pâtisserie Bourbonneux, dans ces caves sinistrement aménagées où tous travaillent enfermés comme des rats, le terrifie. La plupart des apprentis sont bien plus costauds, plus bagarreurs que lui, mince à l'époque comme une lame de couteau, avec ce visage très émacié, très maigre, et ces cheveux noirs d'encre. Tous se divertissent allègrement à lui faire peur, à le menacer, à le violenter. L'enfer de la pension recommence.

En plus, Michel Bouquet est encore à l'époque un garçon plutôt pieux, élevé religieusement, qui accompagne sa mère à la messe chaque dimanche, et que certaines trivialités choquent, repoussent. Même si le détour par l'école Fénelon a pu avoir raison de sa candeur. Il se sent comme avili par l'atmosphère glauque et violente qui règne dans les souterrains, les bas-fonds de cette pâtisserie — ah ! ce terrible plongeur qui n'hésitait pas pour nettoyer ses plats et impressionner la galerie à plonger en riant ses mains dans l'eau la plus bouillante possible, et qui poursuivait ensuite les jeunes apprentis... Des visions de cauchemar. Depuis qu'il a sept ans, l'adolescent fréquente des milieux étouffants, cruels, qui lui semblent insupportables, où il ne sait plus comment vivre. Sans oser pourtant raconter ses chagrins, sa honte, parce que, en ce temps-là, on ne parle pas, on ne se plaint pas, on est digne, croit-on, et on a le sens du devoir. Même enfant. C'est comme ça.

Bientôt pourtant Michel convainc heureusement sa mère qu'il doit absolument changer de métier. Elle n'insiste plus. D'abord, elle essaie de le placer boulevard Malesherbes comme mécanicien-dentiste, mais bricoler des dentiers à longueur de temps le démoralise vite. Qu'à cela ne tienne, on lui trouve une place de manutentionnaire au Crédit du Nord, au service de la Loterie nationale où il est chargé de faire et transporter les paquets : « Je n'avais fait aucune étude, je n'avais qu'un pauvre petit diplôme, je ne pouvais pas espérer grand chose d'autre. »

5

MAURICE ESCANDE

Marie Bouquet est une passionnée de spectacles ; elle adore le théâtre, le cinéma, la musique. A peine revenue à Paris, elle entraîne Michel à l'Opéra-Comique, à la Gaîté-Lyrique ou à la Comédie-Française, voir l'opérette ou les grands classiques, l'opéra parfois. Lorsque la pâtisserie Bourbonneux daigne libérer son fils dès le dimanche midi, ils filent tous deux faire la queue de longues heures durant devant les guichets des théâtres, histoire d'avoir les places les meilleures et les moins chères possible au poulailler, au dernier balcon, là-haut, très haut, où l'on ne voit guère que le cuir chevelu des acteurs, là où ça sent bon la poussière des vieux strapontins de velours rouge qui grincent terriblement dès qu'on bouge, là où se retrouvent avec passion les vrais amateurs fauchés.

Michel est ébloui. Voir se déplacer si joliment, dans des salons si raffinés, des acteurs si élégants dans leurs costumes de soie, avec leurs belles perruques poudrées, lui semble tout à coup le comble des merveilles. Quelle chance ont ces gens-là de vivre ainsi dans la fiction, de passer leur existence dans de folles et magnifiques histoires, de pouvoir fuir le quotidien obscène et la réalité dégoûtante. Un choc. Surtout le jour où il découvre le sociétaire Maurice Escande en vivante incarnation de Louis XV, dans *Madame Quinze* de Jean Sarment mis en scène par Emile Fabre à la Comédie-Française sur une musique de Germaine Taillefer et en dix luxueux tableaux.

Ce désuet et très décoratif marivaudage en costumes d'époque célèbre avec légèreté et émotion mêlées les amours coupables de Louis XV avec madame de Pompadour, incarnée par l'altière Mary Marquet, tandis que Béatrix Dussane fait une subtile composition de Marie Leczinska, la pieuse et résignée épouse du roi. Le futur administrateur de la Comédie-Française (il le sera de 1960 à 1968) interprète le roi bien-aimé avec tant de grâce, de distinction, de courtoisie, que le jeune mitron en est saisi. Dans le monde de brutes où il n'a cessé de se débattre depuis l'âge de sept ans, il n'imagine pas pareille délicatesse, pareille civilité, possibles.

Comment l'univers du théâtre ne lui aurait-il pas paru tout à coup un univers de rêve ? Même être machiniste là-bas lui aurait plu, rien que machiniste, ou juste balayeur de plateau ; du moment qu'on l'accepte dans cette boîte magique où tous les songes sont permis, où l'on peut vivre dans l'imaginaire. Comme si les aventures échevelées qu'il s'inventait interminablement au piquet, il n'y a pas si longtemps encore, allaient pouvoir, autrement, continuer, se renouveler. D'avoir entr'aperçu, l'espace de quelques représentations, ce monde, selon lui miraculeux, devait tarauder de longs mois le jeune mitron devenu entre-temps transporteur de paquets au Crédit du Nord.

Et puis il se décide, un beau matin de mai 1943. L'idée d'être acteur, pourquoi pas, comme les autres, l'envie d'avoir lui aussi le droit de vivre au royaume des histoires et des contes, ont fait insidieusement leur chemin. Alors il prend tout simplement l'annuaire téléphonique, cherche le nom de Maurice Escande, celui qui, en scène, dans son délicieux costume Louis XV, lui avait paru si affable, si aimable. Il trouve immédiatement son adresse, rue de Rivoli. Il décide de s'y rendre un dimanche matin, jour où il ne travaille pas et où sa mère est à la messe. « Il va être gentil, forcément gentil, il est tellement gentil en scène ! » se persuade-t-il avec naïveté, pour se donner du courage.

Il est à peu près 10 heures 10, se souvient-il encore avec une surprenante précision, lorsqu'il sonne à la porte du prestigieux sociétaire de la Comédie-Française. Une femme de chambre vient lui ouvrir, le salue poliment. « Je suis venu voir Maurice Escande », explique-t-il seulement. Elle le fait entrer sans poser d'autres questions, disparaît dans l'appartement. Avait-elle l'habitude de voir débarquer là nombre de jeunes garçons ? « C'est un jeune homme, et il voudrait vous voir, monsieur Escande », l'entend-il annoncer à son maître. Et celui-ci de répondre : « Eh bien, il faut le faire entrer au salon... »

Michel Bouquet entre, s'assied. Maurice Escande arrive, il est encore en train de nouer sa cravate, souriant, d'une élégance subtile. « Mais que voulez-vous, jeune homme ? » Le jeune homme se lance avec la violence des timides : « Je veux faire du théâtre. — Ah bon... rétorque le sociétaire, avez-vous préparé quelque chose ? » Depuis des semaines qu'il pensait avec passion au métier de comédien, notre manutentionnaire avait appris par cœur deux traditionnels morceaux de bravoure scénique : la tirade des nez du *Cyrano de Bergerac* d'Edmond Rostand, *La Nuit de décembre*, d'Alfred de Musset. Il les annonce au maître. « Bon, je vais terminer de m'habiller, parce que je dois donner à 11 heures mon cours au Théâtre Edouard-VII, mais pendant ce temps, racontez votre petite histoire. Je vous écoute. » Et tandis que Maurice Escande enfile sa veste et met sa pochette, Michel Bouquet d'entamer la tirade des nez. « Ah, vous avez une bonne voix ! Vous avez une bonne articulation ! » « J'étais content », se souvient Bouquet, l'air encore réjoui. « Mais n'avez-vous pas autre chose de plus approprié quand même à votre physique ? » demande le comédien à ce grand garçon au regard sombre. *La Nuit de décembre*, répond ce dernier. « Ah oui, c'est vrai, *La Nuit de décembre*, eh bien, dites-moi *La Nuit de décembre...* »

A peine Michel Bouquet a-t-il commencé les premiers vers ·

> *Du temps que j'étais écolier,*
> *Je restais un soir à veiller*
> *Dans notre salle solitaire.*
> *Devant ma table vint s'asseoir*
> *Un pauvre enfant vêtu de noir,*
> *Qui me ressemblait comme un frère...*

que Maurice Escande l'interrompt : « Mais c'est pas mal ! Il faut venir à mon cours. » Et le jeune homme de lui expliquer qu'il ne peut pas, qu'hélas il travaille.

« Non, c'est ce matin que vous venez à mon cours, décrète Escande. — D'accord, mais jusqu'à quelle heure ? commence à s'affoler Bouquet. — Ça sera fini vers 13 heures, assure le professeur. — 13 heures, c'est tard, maman va s'inquiéter... — Ne vous inquiétez pas pour votre maman, on ira la voir après, on lui expliquera, je vous raccompagnerai... » « Qu'est-ce que c'est que tout ça ? » se demande, incrédule, l'adolescent...

Et les voilà qui remontent l'avenue de l'Opéra. C'est le printemps, un dimanche matin, il fait encore frais ; Paris occupé est désert, sinistre. Personne encore dans les rues, juste quelques soldats allemands. Ils passent devant la Kommandantur, place de l'Opéra, tournent sur le boulevard des Capucines, arrivent au Théâtre Edouard-VII, descendent dans la salle à l'italienne, bondée de jeunes élèves. « Mettez-vous dans les derniers rangs, vous pourrez observer comment ça se passe, suggère Escande. Vous allez voir ce que c'est qu'un cours d'art dramatique. »

L'ambiance est surchauffée. Quelque deux cent cinquante élèves — toutes les places d'orchestre semblent remplies — attendent en bavardant gaiement, impatients, l'arrivée du maître. Les cours de théâtre de la France occupée regorgent en effet de jeunes gens avides de rêves, avides de s'évader d'un quotidien morose et sans joie où ils ne se reconnaissent aucun avenir ; celui de Maurice Escande, grand seigneur de la scène, a fort bonne réputation, est à la mode. Et en plus les parents sont fiers d'envoyer leurs enfants chez le grand sociétaire. La jeunesse parisienne s'y presse donc avec enthousiasme.

Mais non sans désinvolture, souvent. Dès les premières minutes, Michel Bouquet, bouleversé d'être dans ce lieu magique auquel il osait à peine songer depuis des mois, est scandalisé de voir que les élèves écoutent à peine les camarades qui passent une scène devant eux, et à peine aussi le professeur qui leur donne des indications, corrige leur diction, leur interprétation. « Ils ont le bonheur d'être là et ils n'en profitent pas davantage ! Ils n'ont pas l'air d'écouter, de travailler ! Ce n'est quand même pas bien. » L'ancien cancre toujours puni de l'école Fénelon comprend soudain les lois du labeur et s'exaspère des bavards, seul dans son coin, au fond de la salle Edouard-VII.

A la fin du cours, vers 13 heures, Maurice Escande, contre toute attente, demande à l'un de ses élèves favoris d'aller chercher le nouvel arrivant et de le faire monter sur scène pour reprendre *La Nuit de décembre* de Musset qu'il avait commencé à lui dire rue de Rivoli. Panique de Michel Bouquet : « Je me souviens que j'étais comme une boule de nerfs, transi et fiévreux à la fois, avec le regard brûlant ; et maigre, si maigre ! Quand je revois des photos de cette époque-là, je me demande comment j'ai pu être comme ça... » Terrorisé, il suit quand même l'élève, emprunte des allées encombrées qui semblent interminables pour monter jusque sur le plateau, croit n'y jamais arriver.

Le voilà sur scène. Et ses jambes se mettent à trembler. Et il ne peut plus les arrêter. Et il a honte. Et il a peur qu'on remarque ce tremblement, qu'on se moque de lui. Mais il ne peut plus rien empêcher...

Du temps que j'étais écolier,
Je restais un soir à veiller
Dans notre salle solitaire...

commence-t-il timidement. Les élèves, indifférents, dissipés, font beaucoup de bruit et se lèvent, s'habillent pour partir... C'est alors que Maurice Escande a cette subite et géniale intuition qui fera sans doute pour jamais de Michel Bouquet le comédien qu'il est ; comme s'il l'accouchait en quelques mots, assénés crûment à haute et forte voix à la frivole assemblée : « Au lieu de causer tant de brouhaha et de vous préparer, comme ça, stupidement, vous feriez mieux d'écouter ce jeune homme et de prendre une leçon. »

Silence général. « Ça a été comme s'il m'avait coupé le cordon ombilical. L'enfant est sorti. Je me suis mis à pleurer un peu, forcément... Puis à dire mon poème. Forcément, j'étais dans un état bizarre. L'assistance s'en est rendu compte, qui s'est arrêtée, a écouté... Maurice Escande m'avait " sacré " acteur ! C'était un esprit fin, très habile, très intuitif, très diplomate ; il a voulu faire quelque chose pour moi, et par sa réflexion, ce matin-là, il m'a donné confiance pour toute mon existence. Bien sûr, c'était un peu au détriment des autres, mais ça, c'est l'injustice de la vie et de ce métier. C'est comme ça... Et j'ai été enchaîné pour le reste de mes jours, aussi, par ces quelques mots que j'ai toujours gardés en moi, tel un trésor intime. Enchaîné par la terrible exigence qu'ils m'imposaient d'avoir à jamais... Chaque fois que j'entreprenais un nouveau travail, je me disais en effet : " Sois digne de la parole de Maurice Escande ! " »

La Nuit de décembre s'est achevée dans le quasi-recueillement de l'assemblée, tout à coup frémissante d'admiration. Maurice Escande prend le bras du jeune récitant : « Maintenant, on va aller voir votre maman ! » Il devait avoir déjà beaucoup de talent, le récitant débutant, pour qu'un grand sociétaire de la Comédie-Française se déplaçât ainsi, un dimanche matin, chez sa mère, histoire de la persuader que son fils devait désormais absolument se consacrer au théâtre !

Ils arrivent tous deux rue La Boétie. Montent les étages, sonnent à la porte. Sans même entrer, Maurice Escande débite avec sympathie et rapidité son couplet, demande à Marie Bouquet que Michel cesse dès le lendemain ses activités au Crédit du Nord et vienne suivre ses cours à l'Edouard-VII ; en semaine, ils étaient assurés par son assistante, la fidèle Gabrielle Calvi ; lui ne donnait de leçon que le week-end. Sur le coin de sa porte, la mère est éberluée, ne comprend pas ce qui lui arrive. Tout va si vite... Elle admire le comédien depuis toujours, depuis toutes ces années où elle est allée faire la queue pour le voir jouer du haut du poulailler. Elle est interloquée qu'il soit là, tout à coup, devant elle, flattée, aussi. Elle murmure comme dans un rêve que le père de Michel est prisonnier en Poméranie, qu'elle ne peut prendre sans lui une décision de cette importance. « Ce n'est pas la peine d'inquiéter votre mari avec ça, rétorque Maurice Escande. Michel va venir à mon cours, au mois de septembre prochain, il passera le concours du Conservatoire. Je suis sûr qu'il sera pris, en le préparant un tout petit peu. Et puis vous verrez, il gagnera sa vie assez vite. Il gagnera même plus d'argent que vous. » Et quand la mère essaie de répliquer que ce n'est pas une question d'argent : « Ne vous faites aucun souci ! Je prends tout sur moi, tout ira bien, soyez tranquille. Il faut qu'il fasse du théâtre ! »

Marie Bouquet accepte. Maurice Escande redescend l'escalier. Michel rentre dans l'appartement. Il est 2 heures de l'après-midi. Il était parti à 10 heures du matin, quatre heures plus tard son destin avait basculé. « Je sortais du tunnel. Définitivement. C'était fini. J'en avais fini avec le désespoir, avec la honte, avec le senti-ment d'être un enfant seul, laissé là par hasard. »

6

GÉRARD PHILIPE

Dès qu'il se sent autorisé, poussé à faire du théâtre, Michel Bouquet se met à préparer d'arrache-pied le Conservatoire. Il lit frénétiquement à la maison, des nuits durant, tous ces grands textes qui lui ont échappé à l'école Fénelon. Il tente fiévreusement de combler son retard ; commence par Dostoïevski, qu'il entreprend de lire intégralement. Mais lentement. Il ne comprend pas encore tous les mots, revient sans fin en arrière. « Je ne m'étais pas arrogé le droit de lire sans comprendre ! Je voulais constamment trouver le fil conducteur. Car il y a toujours un chemin simple pour parvenir aux choses ; encore faut-il le trouver... J'avais déjà cette obsession-là à l'epoque. L'obsession des autodidactes pour qui rien n'a jamais été facile, ni évident ; qui ont dû tout conquérir par eux-mêmes. »

Après Dostoïevski, il dévore tout aussi systématiquement *La Comédie humaine* de Balzac, les romans de Dumas, les *Trois Contes* de Flaubert, *Les Fleurs du mal* de Baudelaire... Il peine encore à pouvoir apprécier en les lisant les pièces de théâtre. Alors pour se donner des idées de scènes ou de personnages à interpréter, il multiplie les répliques à ses camarades de cours : Molière,

Musset, Marivaux, Vigny, Goethe, Schiller, Shakespeare. Jamais il ne répugne à aider tel ou tel dans n'importe quel petit rôle ; c'est ainsi qu'il se forge assez vite une bonne connaissance du répertoire, en même temps que la réputation de gros bosseur.

« Je fréquentais des élèves charmants, gentils, mais je les jugeais trop désinvoltes, trop irresponsables. J'estimais qu'ils ne se donnaient pas assez de peine, qu'ils ne travaillaient pas assez : j'étais déjà insupportable avec mes exigences ! Mais je me protégeais, sans doute, je n'étais pas assez armé pour la vie, j'ignorais tout ; eux me semblaient avoir eu déjà tant d'expériences plus riches que les miennes et en avoir si mal profité ! J'essayais de partager pourtant avec mes camarades, mais très vite je ne savais plus comment m'y prendre ; il me semblait que nous n'avions rien en commun. Et je me renfermais en moi-même. J'ai toujours eu du mal à me confronter à des manières de voir trop différentes des miennes. En fait, je n'ai guère changé depuis ce temps-là ; je suis le même qu'à dix-sept ans, juste un peu plus souple, un peu plus heureux qu'à cet âge-là. »

A cet âge-là, Michel Bouquet est un garçon nerveux, d'une grande timidité, et donc d'une grande brusquerie, un peu électrique, plutôt sombre et ombrageux. Il ne se plaît pas beaucoup physiquement. Il se trouve trop maigre, trop échalas ; il se préférerait avec une bille ronde, plus avenante, plus séduisante. « Je ne me suis jamais vraiment incommodé, mais je ne me suis jamais trouvé beau non plus. J'ai fait avec. Je savais que mon apparence banale et sans grand intérêt n'était pas le plus important. »

Car mystérieusement, très vite, au cours Escande, ses camarades attendent ses scènes ; il devient une sorte de petite vedette dont on guette les apparitions, les interprétations déjà saisissantes . celle du Chatterton de Vigny, du Lorenzaccio de Musset ou du Gros René du *Dépit amoureux* de Molière. L'assistante de Maurice Escande, Gabrielle Calvi, lui fait encore travailler avec succès Alceste du *Misanthrope* ou Perdican de *On ne badine pas avec l'amour.* Mais quand le maître arrive, pour donner sa leçon du week-end, il est bien plus sévère, bien plus exigent : « Fais attention, tu cabotines ! Méfie-toi, tu as tendance à jouer seul... »

L'élève entend. Essaie de se corriger en préparant davantage encore pour le concours d'entrée du Conservatoire son monologue de *Chatterton* et une scène tirée des *Frères Karamazov* de Dostoïevski où il interprète l'ambigu Smerdiakov. Arrive le jour tant espéré. On savait à l'avance que sept candidats seulement seraient pris sur les trois cents qui se présentaient. Tous attendent, remplis de trac, leur heure de passage dans la cour de la rue de Madrid, dans l'ancien Conservatoire national de musique. Tous s'agitent avec anxiété dans leur coin. Débarque alors d'un pas souple et aérien un garçon rayonnant, étonnamment décontracté, souriant, le pardessus sur l'épaule. Un pardessus en poil de chameau, comme il était très rare d'en trouver dans le Paris occupé de l'époque. Michel Bouquet se souvient encore du poil de chameau, si élégant, si chic, et du visage éclatant, du charme extraordinaire qui se dégageait de celui qui le portait avec tant d'aisance, de nonchalance. Une sorte de Gary Cooper pour qui tout semblait facile, aisé, évident, quand lui par contrecoup se sentait soudain minable, Raskolnikov teigneux, pauvre et rabougri.

« Gary Cooper », c'était Gérard Philipe, un riche Cannois, de trois ans son aîné. Comme lui, il passait pour la première fois le concours d'entrée au Conservatoire. Il avait pourtant déjà tourné sous la direction d'Yves Allégret un petit rôle dans *Les Petites du quai aux fleurs* (qui ne sortira qu'en 1944) ; il s'était même déjà taillé un joli succès aux côtés de Claude Dauphin au casino municipal de Nice en décembre 1942 dans *Une grande fille toute simple* d'André Roussin, où il avait séduit le public par sa fragile sensibilité adolescente, à fleur de nerfs, à fleur de peau. Surtout, il était devenu la coqueluche du Tout-Paris depuis le 11 octobre 1943, grâce à son éblouissante et fulgurante apparition en ange annonciateur d'apocalypse, face à Edwige Feuillère, dans *Sodome et Gomorrhe,* la dernière pièce de Jean Giraudoux montée par Douking au Théâtre Hébertot. A peine dans le métier, la chance souriait avec insolence à ce jeune homme élevé dans le luxe d'un milieu bourgeois et mondain dans le sud enchanteur du midi de la France, entre Cannes, Nice et Vence.

Il sera admis au Conservatoire à la sixième place dans *Fantasio* de Musset. Une scène que Michel Bouquet avait lui aussi travaillée avec succès au cours Maurice Escande. Mais il sera reçu juste après Gérard Philipe, à la septième place. Et il avait fallu, encore, quelques discussions animées entre les membres du jury, certains ayant estimé qu'il jouait trop vite (comme Jean Anouilh s'en irritera quelques années plus tard, pour *Roméo et Jeannette...*). Escande avait par avance prévenu certains membres influents — mesdames Berthe Bovy et Béatrix Dussane, par exemple — de la rare qualité de son jeune protégé. Elles bataillèrent pour lui ; Dussane le prit même dans sa classe. Quant aux cinq premiers candidats, passés haut la main, ils ne firent jamais rien dans le métier.

Gérard Philipe entre, lui, dans la classe de Denis d'Inès qui, depuis 1940, a remplacé au Conservatoire Louis Jouvet parti, loin de la guerre, en tournée avec sa troupe en Amérique du Sud. On rapporte alors qu'il ne s'entend guère avec ce maître aux méthodes un rien traditionnelles, à la discipline inflexible. Pourtant, admis à concourir dès la fin de sa première année, il obtient un second prix de comédie dans deux personnages d'Alfred de Musset, Valentin de *Il ne faut jurer de rien* et *Fantasio.* C'est Michel Bouquet (il obtiendra lui-même un premier accessit à ce concours) qui lui donne la réplique dans *Fantasio,* où il joue le rôle de Spark. Et il se souvient de la grande facilité, de l'étonnante aisance de son partenaire qui, au cours de leurs répétitions, lui reprochait souvent de « couper les cheveux en quatre » : « Tu compliques, et au fond c'est si simple ! »

C'est vrai qu'il lui suffisait, rappelle Michel Bouquet, de dire quelques lignes de Tchekhov pour être d'emblée dans cet univers, dans cette atmosphère-là. Pareil pour Dostoïevski. Alors que son condisciple s'acharnait à aller chercher, de rôle en rôle, des motivations sophistiquées et complexes, celles de Gérard Philipe s'imposaient d'emblée dans l'évidence et la clarté. « C'était miraculeux, ce don de coller à toutes les circonstances ! Un don magique, vraiment magique. Moi, à côté, j'étais

tellement plus besogneux ! J'avais tellement plus de difficultés... Et dans tous les domaines. Physiquement,
bien sûr, où j'étais moins agréable à regarder ; mais men-
talement aussi. Je n'avais rien appris à l'école, rien appris
nulle part, je n'appartenais pas, comme lui, à un milieu
aisé, plutôt cultivé ; je n'avais pas son éducation et l'agi-
lité d'esprit qu'elle peut donner. Dès que j'ai été projeté
dans ce métier, je me suis mis évidemment à lire, à lire
énormément tous les grands littérateurs, à les décorti-
quer. Et j'étais submergé de travail à la maison, dans ce
nouveau petit appartement du 15ᵉ où je m'étais installé
pour mes dix-neuf ans. Il était rempli de livres, de
papiers. Je voulais obstinément rattraper le temps perdu.
Mais lui, Gérard, semblait ne pas avoir besoin de ça.
Tout lui était comme naturel. »

Après un an chez Denis d'Inès, Gérard Philipe passe
dans la classe de Georges Le Roy dont l'enseignement
paraît plus adapté à son tempérament spontanément
inventif. Pas question en effet pour le professeur de
vouloir accabler ses élèves sous des règles d'interprétation d'avance fixées ; il recherche au contraire avec eux
comment concilier au mieux leur sensibilité et celle du
personnage à incarner. L'individualité du jeune comédien, son imagination sont ainsi davantage respectées.
Gérard Philipe s'accommode à merveille de cette pédagogie.

Après avoir demandé sa mise en congé au Conservatoire au début de l'année 1945 — sans vouloir bizarrement affronter le concours de sortie ? —, il ne cessera en
effet par la suite de demander conseil à son vieux maître
qui l'assistera dans l'ombre pour de nombreux rôles à

venir : de Caligula à bien d'autres performances au Théâtre national populaire de Jean Vilar, et même parfois au cinéma.

C'est lors du fameux examen de fin de première année, en 1944, où Michel Bouquet donne la réplique à Gérard dans *Fantasio*, que les deux jeunes gens se font justement repérer par Albert Camus qui assiste à l'audition donnée au Théâtre de l'Odéon. Michel, peu après, est encore le partenaire d'un autre élève, interprète de Néron, dans une scène du *Britannicus* de Racine ou luimême joue le traître Narcisse. Enthousiasmé par cette prestation, Camus l'attend à la sortie pour le féliciter, accompagné par Madeleine Renaud. « Vous passez demain en comédie ? » lui demande-t-il, curieux. De fait le jeune acteur donnait le lendemain une scène de *Lorenzaccio* ; Camus une fois encore vient l'écouter...

Et l'année suivante, toujours fidèle au concours de sortie du Conservatoire, l'écrivain lui déclare : « Si vous voulez, au mois de septembre, nous montons au Théâtre Hébertot, avec le metteur en scène Paul Oettly, *Caligula*, une pièce que je viens d'écrire sur cet empereur romain. Gérard sera Caligula, voudriez-vous jouer avec lui ? » Michel sait qu'il ne pourra être de l'aventure que trente représentations seulement : il a déjà signé pour *La Célestine* de Fernando de Rojas mise en scène par Jean Meyer au Théâtre du Palace avec Marcelle Géniat. Mais Camus accepte ses conditions tant il a envie qu'il crée le personnage de Scipion dans sa pièce ; et Gérard lui-même a tout fait pour obtenir le rôle-titre que n'avait pu, in extremis, tenir Henri Rolland, retenu par une insolation en Afrique. Pour Michel Bouquet commence une longue collaboration avec Camus qui, de *Caligula*, le conduira aux *Justes* en 1949 au Théâtre Hébertot, puis aux *Possédés*, adaptés de Dostoïevski, dix ans plus tard au Théâtre Antoine.

En août 45, Paris est libéré par les troupes alliées. Tout le monde oublie peu à peu le dernier et terrible hiver où la ville a connu la famine, où la France entière a grelotté. La situation matérielle des Parisiens n'a même cessé d'empirer : transports désorganisés, manque de ravitaillement en tout genre, de charbon, de gaz, d'électricité... Mais avec la fin de l'occupation allemande, l'atmosphère soudain s'éclaircit. On se remet à espérer. Jusqu'à la création de *Caligula*, le 25 septembre 1945, les répétitions se passent fraternellement, joyeusement. Gérard est un partenaire facile qui sait admirablement s'adapter au jeu de ses camarades.

Michel se souvient qu'Albert Camus insistait bizarrement sur le côté poète « boy-scout » et immature, vaguement lutin, du rusé Scipion qu'il devait interpréter ; il se rappelle surtout avec émotion la poignée de main que lui donna l'auteur, après la première répétition. « Je serrais la main d'un homme qui me regardait enfin comme un homme, et pas comme un acteur qui va jouer un rôle dans sa pièce. Camus me re-connaissait. Ça n'a l'air de rien. Mais juste après cette période d'occupation où nous avions douté de tout, et surtout de nous-mêmes, c'était beaucoup : pour la première fois, je ressentais ce que ce geste — serrer la main — pouvait avoir d'authentique.

« Et puis j'aimais cette œuvre d'un esprit si neuf pour l'époque ; j'aimais la révolte de Caligula, sa passion de

l'impossible. Au risque de s'y perdre, en voulant systématiquement pervertir toutes les valeurs, en voulant nier
les hommes... Je l'ai interprété moi-même par la suite en
tournée en Amérique du Sud , ,e le jouais de manière
beaucoup plus tyrannique que Gérard, avec une froideur
ardente, un cynisme révolté ; comme un esprit acide et
déréglé qui se consumerait lentement. Gérard, lui, était
dans le charme, il apportait une espièglerie adolescente
au personnage ; on avait l'impression qu'il s'amusait de
pouvoir manipuler les autres. C'était en scène une sorte
de gosse dangereux ; il a obtenu un triomphe. »

Jusqu'à la mort tragique de Gérard Philipe, le
25 novembre 1959, à trente-sept ans, les chemins des
deux hommes ne se croiseront plus guère. Dès la sortie
du *Diable au corps* de Claude Autant-Lara en 1947, puis
de *La Chartreuse de Parme* de Christian-Jaque en 1948,
Gérard Philipe devient rapidement une vedette de
cinéma, abonné aux rôles de flambant jeune premier. Au
théâtre non plus les deux comédiens ne se donneront
plus la réplique ; même dans la prestigieuse troupe
du TNP de Jean Vilar qu'ils fréquentèrent successivement tous deux. Michel Bouquet remplacera pourtant
une trentaine de fois Gérard Philipe dans *Le Prince de
Hombourg*.

C'est que les deux artistes, si différents, si opposés
soient-ils, l'un solaire, l'autre lunaire, l'un rayonnant,
l'autre plus tourmenté, avaient parfois les mêmes
emplois de grands premiers rôles dramatiques. Peut-être
la carrière médiatique rapide et très habilement menée
de Gérard Philipe fit-elle d'abord de l'ombre au travail
plus souterrain, plus intériorisé de Michel Bouquet ?

Dans *Lorenzaccio* de Musset — encore une œuvre qu'il avait lui-même beaucoup travaillée —, parcours chaotique et suicidaire d'un aristocrate dépravé qui croit retrouver sa pureté d'antan en assassinant le despote de Florence, son compagnon de débauche, Bouquet trouva cependant Philipe « vraiment phénoménal ». Sans qu'on puisse jamais, selon lui, retrouver un jour une interprétation d'une telle force, quiconque s'y frotte... « C'est un des personnages qu'il a le mieux réussis, qui lui a le mieux convenu. Il était parvenu à avoir en scène une laideur étonnante, lui d'ordinaire si beau... Il était devenu une sorte de plaie vivante, et on l'imaginait plein de pustules, de vérole, de maladies infectées mal soignées. Une vision d'horreur ! Il était impressionnant, grandiose par ce trouble, ce dégoût qu'il arrivait à provoquer. »

Mais la plus forte émotion d'acteur qu'éprouva le cadet Bouquet face à son jeune aîné, là où il l'admira vraiment, c'est lors d'une des dernières représentations du *Prince de Hombourg* de Heinrich von Kleist, à l'occasion d'une tournée du TNP en 1954, à Berlin-Est. Michel Bouquet avait accepté d'y participer in extremis pour dépanner Jean Vilar qui avait un problème de distribution : l'acteur Daniel Sorano venait d'avoir un léger accident au cours d'un spectacle et ne pouvait jouer ses deux petits rôles dans la pièce. Il fallait le remplacer au pied levé. « Je n'ai pu m'empêcher d'assister à toutes les représentations de la coulisse, derrière le rideau de scène. Une fois mes répliques achevées, je ne suis jamais retourné dans ma loge. Je regardais ; je ne pouvais quitter Gérard des yeux ; j'étais fasciné. Il était si vrai dans ce personnage héroïque, romantique ; mais la merveille c'était qu'il était vrai en " chantant ". Car il y avait en lui cette voix, cette musique, ce phrasé. S'il en jouait parfois, durant ces quinze représentations-là il fut véritablement habité, si habité qu'il donnait aux sentiments une surdimension de vérité qui les rendait lyriques et magnifiques. Et moi, j'ai rarement été capable de ce lyrisme-là... J'étais ébloui : Gérard était parvenu au chant intérieur, le comble de l'art. Preuve qu'il travaillait lui aussi. Comme moi, comme un forcené ; il ne se contentait pas de ses dons. Même s'il en avait. Plus que d'autres. »

7

LE CONSERVATOIRE

En 1943, Michel Bouquet entrait dans la classe de Béatrix Dussane, illustre sociétaire de la Comédie-Française qu'elle avait quittée en 1941, après trente-sept ans de loyaux et éclatants services. Etrange rencontre que celle d'un jeune homme introverti et d'une comédienne qu'on se rappelle aujourd'hui en délicieuse vieille dame poudrée et élégante...

Elle était érudite, spécialiste de l'histoire de la Maison de Molière sur laquelle elle écrivit plusieurs ouvrages. Elle était aussi une éblouissante animatrice de soirées littéraires et poétiques. Son humour et sa fantaisie firent sa gloire des années durant dans les grands rôles de soubrettes du répertoire, de Molière à Marivaux. En 1903 — à quinze ans seulement ! — elle était entrée à la Comédie-Française pour y incarner avec succès l'insolente et généreuse Toinette du *Malade imaginaire* ; ébloui par la performance de sa jeune élève, son maître du Conservatoire, Silvain, lui dédia alors ce quatrain :

> *Soubrette née, elle a la gaieté des pinsons,*
> *Son rire seul vaut mieux que toutes mes leçons.*

Il ne faut à Dussane avant d'être Dorine,
Qu'un peu moins de jeunesse, un peu plus de poitrine.

Béatrix Dussane sut transformer sa gaieté et sa légèreté en émouvante élégance lorsqu'elle incarna, en février 1935, la Marie Leczinska de *Madame Quinze,* cette comédie historique à costumes de Jean Sarment qui sera régulièrement reprise au Français et qui séduisit tant Michel Bouquet et sa mère, du temps où ils étaient fervents spectateurs du poulailler de l'illustre maison. Elle eut aussi un superbe abattage en jouant à l'automne 1935 la tonitruante et chaleureuse Madame Sans-Gêne de Victorien Sardou et Emile Moreau, un rôle où avait brillé avant elle Réjane, en 1893.

Pareille carrière peut sembler bien loin des goûts, des talents que manifestaient alors le sombre disciple de Maurice Escande, Michel Bouquet. Il avoue pourtant avoir beaucoup appris de sa professeure, qui fut toujours très respectueuse de la singularité de ses élèves et de leur personnalité. Pareille attitude, si ouverte, si tolérante — que partageait d'ailleurs Georges Le Roy, professeur de Gérard Philipe —, n'était pas monnaie courante au Conservatoire de l'époque. Une chance pour le jeune interprète dont les camarades de cours se nomment alors Sophie Desmarets, Jean Piat, Dany Robin, Jean-Pierre Grandval.

« Béatrix Dussane m'a apporté une certaine tranquillité, une certaine détente dans le jeu. J'étais alors très nerveux, je jouais très serré, très noué, tout en secousses. Elle m'a fait doucement comprendre que c'était mieux de jouer avec moins de tension, de crispation, plus de calme ; qu'on contrôlait mieux la situation, qu'il fallait se méfier de la fausse énergie, qu'elle était mauvaise conseillère. Elle m'a donné ainsi, peu à peu, une sorte de confiance en moi que je n'avais pas ; j'interprétais tout en force parce que je croyais que je ne pouvais, que je ne savais pas faire autrement.

« Mais il faut reconnaître que je n'étais pas un élève facile. J'avais horreur, par exemple, qu'on m'interrompe au cours d'une scène, je trouvais que ça dérangeait mon travail. Alors je disais toujours à madame Dussane avant de passer mon rôle devant elle : " Surtout ne me coupez, vous me direz ce que vous avez à me dire après, pas pendant ! " Ce qui, de la part d'un élève, était plutôt présomptueux ! J'étais en effet très timide à la ville, je me cachais volontiers derrière mes personnages de théâtre ; mais dès que je montais sur le plateau, je devenais radical et péremptoire. Pas très sympathique en somme.

« Pareil comportement dénotait déjà, annonçait déjà toute une attitude face au métier, face au metteur en scène. J'ai d'emblée pensé, en effet, qu'un comédien n'était intéressant que s'il défendait sa propre conception du personnage, l'idée toute personnelle qu'il s'en faisait. De toute façon, je n'aurais pas la force d'entrer en scène, si ce n'était pas ma vision à moi que j'y apportais, mais celle d'un autre. J'ai besoin de me sentir maître du jeu, sinon je n'ai aucun courage, aucun désir.

« Je me sens comme ces acteurs du XIXᵉ siècle qui revendiquaient leurs prérogatives sur le style même de l'œuvre à interpréter. Je suis obéissant pourtant, je peux même être docile, mais je suis surtout obéissant vis-à-vis de moi-même... Au Conservatoire, d'ailleurs, nous

étions baignés dans la légende de ces grands interprètes
d'autrefois, de Mounet-Sully à Sarah Bernhardt, dont la
magnifique devise — " quand même " — nous incitait à
imposer notre point de vue. A charge toutefois de nous
en sentir responsables et d'être tout à fait sûrs de ce que
nous voulions défendre et de comment le défendre. »

Béatrix Dussane, grande amoureuse de son métier et
qui en connaissait à merveille labyrinthes et méandres,
racontait en effet volontiers à ses élèves quelques-unes de
ces splendides anecdotes, de ces lumineux souvenirs qui
marquent parfois pour la vie, façonnent une manière
d'être. Ainsi cette belle histoire autour du mythique tragédien Mounet-Sully dont elle avait été elle-même
témoin, un jour d'été, au cœur des années 1900, alors
qu'elle était toute jeune figurante dans *Andromaque* de
Racine, présentée par la Comédie-Française dans le
grand théâtre antique d'Orange avec la plus brillante des
distributions possibles.

La soixantaine encore athlétique, Mounet-Sully y
jouait Oreste tandis que son jeune frère, Paul Mounet,
incarnait Pyrrhus. Hermione, c'était la robuste et énergique Segond-Weber, que Michel Bouquet aura encore
la chance d'admirer au tout début des années 40 ;
Andromaque, la suave, harmonieuse et touchante Julia
Bartet, à qui on doit d'avoir heureusement ressuscité au
répertoire du Français *Bérénice,* une tragédie de Racine
considérée comme mièvre et que, hélas, on ne jouait
plus guère, faute d'interprètes inspirées.

Mais ce soir-là, c'est *Andromaque* que ces prestigieux
tragédiens s'apprêtent ensemble à interpréter, après qu'a
été donné sur place, en plein air, un grand concert sym-

phonique. La représentation théâtrale est prévue pour 22 heures, quand la nuit estivale sera tombée. Dans la loge qu'il s'est fait aménager tout près des gradins, pour mieux observer les spectateurs, Mounet-Sully arrive à 17 h 30. Ce grand prêtre de la tragédie antique, classique ou shakespearienne, qui par la force brûlante de son jeu et l'audace de son lyrisme métamorphose chaque œuvre en une fascinante cérémonie religieuse, commence à se maquiller lentement.

Pas n'importe comment. Déjà, Mounet s'attache obstinément, avec son frère Paul, au respect scrupuleux des costumes d'époque. Il fait venir ses drapés de Grèce, se coiffe selon les documents historiques : tour de boucles frontales, cheveux flottants ceints d'une bandelette... Mais surtout, il souhaite que les traits mêmes de son visage aient l'aspect du masque antique. Ainsi se couvre-t-il d'ordinaire la figure de poussière qu'il étale doucement, comme pour un rituel sacré. Mounet se moque d'être beau (il l'est, et majestueux de surcroît) ; il se moque aussi de jouer de manière vraisemblable, psychologique. S'il cherche la vérité du costume, du geste, de l'apparence, c'est pour la transcender, c'est pour être fidèle surtout à un rêve, un rêve épique. « Nous, nous marchions sur l'Himalaya », se souviendra plus tard son frère Paul. Seul compte pour eux d'aller à l'essentiel, au nœud, au cœur du texte, de plonger le public dans l'enthousiasme et l'effroi.

A Orange, dans sa loge improvisée, le tragédien prend son temps. Va jeter un œil sur les gradins pour observer les gens, leurs attitudes, leurs attentes. Se remet un peu de poussière sur le visage, les bras, les mains. Le tragédien s'attarde tellement que bientôt les techniciens s'impatientent : « Maître, il faut y aller ! » Et Mounet, de répondre, impérial : « Je ne suis pas prêt. » Les minutes passent, interminables. L'acteur ne se décide toujours pas à venir en scène. « Maître, allons-y maintenant ! » Même réponse imperturbable : « Je ne suis pas prêt ! » On lui laisse encore quelques instants, et puis le régisseur revient, affolé : « Mais maître, si nous tardons trop les spectateurs vont partir ! » Mounet, une fois encore, part sans hâte scruter attentivement les gradins, réalise que le public y paraît soudain avachi, ramolli, et rétorque d'une voix sans réplique au régisseur : « Ils ne sont pas prêts ! Comprenez, ces gens sont venus de très loin pour nous voir, ils sont arrivés avec leurs provisions de bouche. Il faut qu'ils digèrent, qu'ils décantent, qu'ils redeviennent légers : c'est que je dois les emmener jusqu'en Grèce, moi, avec Racine ! » Et quand il sentira enfin son public remis de sa digestion, le tragédien attaquera la première scène de la pièce sur une de ces notes musicales dont il a le secret, à la frontière du chant, portant magistralement et sereinement les chatoiements rythmiques et sonores de la prosodie. Comme s'il avait banni en lui toute trace d'énervement, de trac, d'angoisse.

Quelle plus belle histoire de théâtre pourrait-on raconter à de jeunes comédiens pour qu'ils s'émerveillent de la miraculeuse cérémonie que peut devenir leur art, pour qu'ils comprennent la grande discipline, aussi, qu'il exige de ceux qui le servent, pour qu'ils lui offrent leur absolu dévouement, leur abnégation, leur force morale ?...

Car il n'est rien de plus insaisissable que cet art, comme en témoigne cette autre anecdote que Béatrix Dussane leur rapporta peu de temps sans doute avant qu'ils ne passent leur concours de sortie.

Le metteur en scène Charles Dullin répète *Le Roi Lear* de Shakespeare qu'il doit créer le 11 avril 1945 au Théâtre Sarah-Bernhardt, rebaptisé par la municipalité en 1941, sous la pression allemande, « Théâtre de la Cité », et aujourd'hui devenu Théâtre de la Ville. Pour cette tragédie, il a voulu fonder son travail sur une « violence sauvage et sans frein. Retrouver une atmosphère archaïque et barbare », et utilise pour cela un double langage scénique : celui du texte et celui de l'espace, rempli d'images étranges, insolites que certains critiques qualifieront méchamment de « bric-à-brac dadaïste, cubiste ! ». Sans doute les acteurs se sont-ils d'abord trouvés mal à l'aise dans ce décor d'une grande invention plastique qui se superpose si résolument à leur jeu. Ainsi l'interprète de Kent dans la pièce peine-t-il à trouver son personnage. Au cours des premières séances de travail, il en fait un être plutôt cruel. « Mais pourquoi tu le joues comme ça ? Kent n'est pas quelqu'un de méchant, mais de bon... » lui assure Charles Dullin. Le lendemain, le comédien a révisé du tout au tout son interprétation et considérablement adouci son rôle. Surprise du metteur en scène : « Mais pourquoi tu le joues comme ça ? Kent n'est pas quelqu'un de bon, mais de méchant... — Mais maître, vous m'avez dit exactement le contraire hier ! rétorque timidement l'intéressé. — Mais additionne, mon petit, additionne ! » répond avec agacement Charles Dullin...

Ainsi la composition d'un personnage est-elle le fruit d'indications différentes, d'intuitions paradoxales, de pensées contradictoires, de sensations opposées. Comment s'y retrouver ? « Additionne, mon petit, additionne ! » Michel Bouquet tente d'intégrer goulûment au Conservatoire toutes les expériences, les émotions, les impressions, les idées qui pourront lui servir. Il travaille comme un forçat. Ses seules distractions sont ses lectures ou de grandes balades dans Paris, à pied.

Son professeur Béatrix Dussane lui laisse la bride sur le cou, elle a compris l'indépendance ombrageuse de son élève, en tient compte, ne se mêle pas avec lui des détails plus ou moins réalistes d'une scène mais du mouvement général du texte, du sens du texte. Jamais elle ne lui demande d'être « naturel », juste de deviner, de respecter les intentions du poète. Une direction de travail qui ne manquera pas d'influencer pour la vie l'acteur Bouquet. Comme plusieurs autres qu'il découvre lorsqu'il ne joue pas, sur les scènes de théâtre du Paris occupé. Mais dès 1943, dès ses premières semaines au Conservatoire, il joue déjà beaucoup.

8

LES MODÈLES

Trois ombres se détachent dans la mémoire de Michel Bouquet, trois merveilleux fantômes qui ne cessent de le hanter et qu'il évoque toujours avec une sorte de crainte, d'humilité fervente, d'admiration respectueuse, lui qui n'a pourtant plus rien à prouver. Ils sont ses modèles secrets.

Le premier d'entre eux s'appelle madame Segond-Weber. Le souvenir de ses adieux définitifs à la scène en 1943 est gravé dans sa mémoire.

Entrée à la Comédie-Française en 1887 à l'âge de vingt ans, évincée par une grasse, zézayante et abusive rivale, une « chef d'emploi » comme on dit alors, cette brune et robuste comédienne au profil de marbre et au regard de feu y revient peu après, victorieusement. Nommée sociétaire en 1902, elle reste dans la Maison jusqu'en 1926 et devient sociétaire honoraire en 1927. A l'époque de Mounet-Sully, elle compte parmi les grands monstres sacrés de la troupe tragique du Français. Elle est passée dans sa jeunesse de la Doña Sol d'*Hernani* à Hermione d'*Andromaque*, puis triomphe à la maturité dans l'étonnante et assez invraisemblable Guanhumara des *Burgraves* de Victor Hugo, comme dans la Pauline du *Polyeucte* de Corneille ou dans l'Athalie de Racine Même après son départ officiel, on la fait revenir pour créer le rôle d'Adegrina dans *La Torche sous le boisseau* de Gabriele D'Annunzio. Et c'est elle encore qui, lors du centenaire de la naissance de Sarah Bernhardt en 1944, interprétera aussi magnifiquement que sa prestigieuse aînée — elle a alors soixante-dix-sept ans ! — l'inquiétant songe d'Athalie de Racine ! Elle mourra un an plus tard.

Ce soir de 1943, la Maison de Molière célèbre officiellement les adieux de la vieille actrice à la scène et lui offre la recette de la soirée (une manière discrète d'aider les comédiens sans ressource). Madame Segond-Weber, surnommée jadis par le célèbre critique Jules Lemaître « la tragédie en personne », a encore bon pied, bon œil dans le rôle d'Agrippine. Dès sa première apparition, dès sa première réplique, à la première scène du premier acte, Michel Bouquet est saisi. Et le voilà aujourd'hui, qui redit comme elle, hier, le visage légèrement relevé, d'une traite, sur la même petite note aiguë, et sans même apparemment respirer :

Albine, il ne faut pas s'éloigner un moment.
Je veux l'attendre ici ; les chagrins qu'il me cause
M'occuperont assez tout le temps qu'il repose.
Tout ce que j'ai prédit n'est que trop assuré :
`Contre Britannicus Néron s'est déclaré.
L'impatient Néron cesse de se contraindre.
Las de se faire aimer, il veut se faire craindre.
Britannicus le gêne, Albine ; et chaque jour
Je sens que je deviens importune à mon tour.

Bouquet a mis son poing serré sur la table ; il le tient
à la verticale. Il est impressionnant soudain d'autorité
contenue, de colère douloureuse et maîtrisée. « Madame
Segond-Weber jouait debout, de profil au public, mais
face à la porte des appartements de Néron qu'elle fixait
intensément, côté jardin, à gauche de la scène. Elle
n'était pas grande, mais pourtant imposante, tant on
sentait en elle je ne sais quelle " virile " intelligence,
quelle énergie marquée par de dures années de lutte
pour la vie. Elle maintenait obstinément son petit poing
serré sur la table. Et elle commençait sur une note
qu'elle gardait sans en dévier pendant trois, quatre
tirades, de grandes tirades... Assis dans la salle, je me
disais : " Mais ce n'est pas possible, elle ne va pas tenir,
elle va quitter la note ! " Mais elle tenait, imperturbable.
On avait l'impression alors que tout un film se déroulait
dans sa tête et il nous devenait visible, mystérieusement,
à travers cette unique note ; tout à coup les tirades tombaient comme des fûts de colonnes, implacables, évi-
dentes.

« Il semblait y avoir en madame Segond-Weber une
telle pratique de la domination de soi dans le travail, et
un tel entêtement dans cette volonté de toujours se
dominer, qu'elle réussissait à nous transmettre magistralement l'essence même de la conception racinienne des
êtres, des choses, du monde. Elle en était tellement
imprégnée, après mille et mille répétitions, que tout
s'était finalement déposé en elle sur une seule et unique
note. Et y restait.

« Et la vie était aussi à l'intérieur de ça ! Mais si profondément canalisée par la métrique, canalisée par l'exigence et la rigueur de l'interprète, que ça créait chez le spectateur la sensation d'une densité absolue. A force de fouiller, de creuser sans fin le texte, Segond-Weber était parvenue à en rendre sensibles toutes les vibrations, toutes les visions, et elle les revivait en scène encore et encore, et elle semblait reprise par elles ; on avait le sentiment d'une vérité totale.

« Assister à cette interprétation à la fois rigoureuse et pleine des folies d'Agrippine m'a enseigné pour la vie le respect du texte. Que rien de moi ne vienne jamais s'interposer entre lui et le spectateur. Comme chez Segond-Weber. Il faut tout confier au texte, rien qu'au texte. Voilà la révélation que j'ai eue en voyant jouer cette immense tragédienne. J'en ai été tellement frappé (et je le suis toujours en vous racontant cette scène), frappé au point que ce souvenir-là en éclipsera malheureusement bien d'autres, que je suis allé devant l'entrée des artistes pour la voir sortir du théâtre.

« Et là, j'ai vu apparaître une petite vieille avec un cabas rempli de légumes. Je n'ai d'abord pas compris, elle semblait tellement plus petite qu'en scène ! Mais d'autres spectateurs m'ont chuchoté : " c'est madame Segond-Weber ! " et m'ont expliqué que ses admirateurs devaient lui apporter des légumes, parce qu'en 1943 on ne trouvait pas grand-chose à manger... Un mur d'illusions s'effondrait : cette petite vieille pitoyable, c'était donc l'Agrippine impériale qui m'avait si fort troublé tout à l'heure ! En plus de la nécessité du respect du texte, je découvrais ce soir-là une autre vérité de notre métier : les acteurs en eux-mêmes n'existent pas, ou du moins ne sont pas grand-chose. »

Le deuxième esprit du théâtre qui hante Michel Bouquet, c'est Charles Dullin. Il le découvre au Théâtre de la Cité, un soir du printemps 1942. Acteur, metteur en scène, artiste novateur, ennemi juré du naturalisme, Dullin est au faîte du succès, célébré et aimé par la critique et le public qui reconnaissent en ce digne disciple de Jacques Copeau un des animateurs les plus inventifs de la vie théâtrale : grand apôtre du texte et d'une transposition du réel au théâtre qui ne soit jamais pâle et plate imitation. Il vient de reprendre *La Volupté de l'honneur* du Sicilien Luigi Pirandello, auteur qu'il a déjà monté vingt ans plus tôt au Théâtre de l'Atelier. Dans un décor minimaliste de paravents, il y incarne le personnage principal, Angelo Baldovino, un bien étrange et insaisissable individu qui accepte par intérêt un mariage arrangé, puis se prend avec science et philosophie au jeu de l'honneur conjugal. Jusqu'à l'outrance.

Michel Bouquet se rappelle précisément la très longue dernière scène de l'acte I, où Baldovino est confronté à l'amant hypocrite et mondain de sa future femme et disserte longuement avec lui. Charles Dullin est assis, demeure toujours à la même place et n'en bouge pas d'un centimètre. Il joue lentement, distillant chaque réplique, et cette lenteur, cette immobilité deviennent peu à peu épuisantes pour le spectateur.

« On sentait à travers elles tout le caractère ancestral de certaines manières d'être siciliennes : inventorier tout, et détail par détail, sans fin. Qu'est-ce que l'honnêteté, qu'est-ce que l'honneur, qu'est-ce que le devoir, qu'est-ce que ceci, qu'est-ce que cela ? La manière qu'avait Dullin d'ergoter assis sans bouger prenait bientôt pour le public une pesanteur insupportable. Sa place même devenait insupportable, on avait une furieuse envie qu'il se lève, qu'il bouge...

« C'était très malin de sa part de s'être installé là ; il avait dû beaucoup réfléchir à cette position, se dire : " Si je reste obstinément le derrière sur ma chaise pendant d'interminables minutes, ça va forcément raconter aux spectateurs — par-delà les mots mêmes — quelque chose de la Sicile, du milieu, du contexte où se déroule la pièce. " Et c'était vrai ! Au-delà du jeu de l'acteur, au-delà de ce que l'acteur pouvait dire, le public percevait presque malgré lui une sorte de contrepoint poétique qui lui révélait des sensations, des impressions sur le pays, l'atmosphère, le climat social qui baignent *La Volupté de l'honneur*, et qu'il n'aurait jamais soupçonnés. Le public, tout seul, découvrait. Et il adore ça, le public, découvrir seul, parce qu'il a soudain l'impression de jouer lui-même ; il a une reconnaissance infinie pour les comédiens qui lui permettent ainsi de vivre avec eux.

« Dullin était de cette race-là. Sans composition extérieure, en étant juste complètement empli du texte, nourri par lui, il permettait à ceux qui le regardaient de la salle d'entrer comme en lui. Jusqu'à voir ce qui se passe à l'intérieur, dans les viscères, dans le cœur, dans l'esprit de cet acteur aux prises avec son rôle... Forcément, les spectateurs éprouvent une reconnaissance infinie pour les interprètes qui leur offrent pareille expérience. Car qu'est-ce que c'est que ce métier ? Pas simplement voir jouer quelqu'un, ça tout le monde s'en fout ! Plutôt montrer l'homme à l'homme, entrer dans des mystères qui soient proches de vos propres mystères et vous les révèlent mieux tout à coup. J'ai compris ça confusément en admirant monsieur Dullin en 1942 ; j'avais dix-sept ans. Je voudrais bien arriver à pareil résultat aujourd'hui. Mais c'est très difficile. »

L'apprenti-comédien Michel Bouquet n'a jamais tenté d'approcher Charles Dullin. Ce dernier dirigeait pourtant avec passion, depuis 1922, une école de comédiens où il expérimentait avec succès des techniques toutes personnelles fondées sur les cinq sens et largement inspirées de la commedia dell'arte, du théâtre japonais et autre théâtre élisabéthain. L'objectif y étant de ressentir avant d'exprimer, de voir avant de décrire, d'écouter et d'entendre avant de répondre... « Je ne vais pas me frotter aux trop grands, ai-je tout de suite pensé. D'abord je redoutais de ne pas comprendre la moitié de ce que m'aurait dit Dullin, ma culture était si lamentable ! Et puis même sa réputation de formidable humanité, de quasi-sainteté me faisait peur : les saints, ce n'est jamais des gens très fréquentables. Enfin, j'aurais redouté de perdre tous mes pauvres repères face à une pareille personnalité, d'être à jamais perturbé. »

Michel Bouquet passera donc volontairement à côté de l'enseignement de celui que son élève Jean-Louis Barrault appellera plus tard le « jardinier d'hommes », celui qui marqua si fort Jean Vilar, Jean-Marie Serreau, Jean Marais, Marcel Marceau et tant d'autres... Dès qu'il le peut pourtant, il ira encore observer son jeu, par exemple sa reprise du *Faiseur* d'Honoré de Balzac, au Théâtre de la Cité en automne 1945. « Ce qui était extraordinaire et tellement étonnant dans cette interprétation, c'est que monsieur Dullin jouait dès le départ Mercadet, l'homme d'affaires, le " faiseur " de Balzac en vaincu, et non en rusé qui va rouler les autres. A travers lui, Mercadet semblait nous dire : " Tout ce que je fais m'amène à la ruine, je le sais, mais faisons-le. " Comme s'il était intimement habité par la faillite. A l'image de Balzac lui-même, qui avait envie d'avoir toutes sortes d'œuvres d'art, qui a fait des dettes incroyables pour se les offrir et qui savait bien qu'il n'arriverait jamais à rembourser ses créanciers, même s'il s'y est en toute bonne foi usé... Ainsi, par-delà la pièce, le rôle, Dullin arrivait à nous faire sentir l'auteur même : qui il était, après quoi il avait toute sa vie couru. Quelle intelligence du texte ! J'en étais confondu ; et plus je vieillis, plus j'en suis confondu ; et avec le travail, avec l'idéalisation de la mémoire, plus de telles incarnations deviennent pour moi d'absolues références. Mais monsieur Dullin tel que je le percevais en 1945 était trop fort pour moi. Jamais je n'aurais même imaginé oser l'aborder. Ou même l'attendre à la sortie du théâtre. Comme je l'avais fait pour madame Segond-Weber. »

Certains, comme Michel Bouquet, préfèrent en effet — par timidité, par orgueil ? — admirer de loin, de crainte d'être trop inspiré, trop absorbé peut-être par un maître vampirique. Il est ainsi un autre grand modèle, un autre grand pédagogue que Michel Bouquet a toujours voulu maintenir à distance, malgré une dévotion qu'on sent, aujourd'hui encore, vive : Louis Jouvet.

Ce n'est qu'après-guerre qu'il a pu l'admirer sur scène. Plutôt qu'endurer l'Occupation et d'éventuelles censures, Jouvet, directeur depuis 1934 du Théâtre de l'Athénée — l'année même où il fut également nommé professeur au Conservatoire —, préféra entreprendre une longue tournée en Amérique latine avec sa troupe. Paris, de 1941 à 1945, sera privé de ses audacieuses créations d'auteurs contemporains (*Knock* de Jules Romains, *La Machine infernale* de Jean Cocteau et surtout *Siegfried, La guerre de Troie n'aura pas lieu, Amphytrion 38,* ou *Ondine* de Jean Giraudoux) et de sa manière drôle, insolente et poétique de dépoussiérer quelques grands classiques, comme *L'Ecole des femmes* de Molière, pièce quasi maudite qu'on ne jouait plus guère et dont il fit un triomphe dans les ravissants décors de Christian Bérard dès mai 1936.

Avant de l'avoir vu sur scène en chair et en os, Michel Bouquet, qui avait beaucoup admiré ses films, se rappelle avoir rencontré Louis Jouvet presque par hasard. Une rencontre qui le pétrifia, tant le « patron », comme on l'appelait, était auréolé de prestige et de gloire. Louis Jouvet jouissait alors auprès des comédiens de théâtre d'une réputation de découvreur d'auteurs, de fin lettré, de sévère mais éblouissant pédagogue au Conservatoire. Beaucoup enviaient ses succès populaires au cinéma où il était devenu une des vedettes attitrées de Marcel Carné *(Drôle de drame, Hôtel du Nord)*, de Julien Duvivier (*Un carnet de bal, La Fin du jour, La Charrette fantôme)* ou de Marc Allégret (*Entrée des artistes*). Le grand public s'y enchantait de sa diction saccadée, de sa morgue hautaine, de ses regards ironiques.

Le jeune Bouquet jouait à l'époque en matinée classique Damis, le colérique fils d'Orgon, dans le *Tartuffe* de Molière. La pièce se donnait aux Mathurins par la troupe de Jean Marchat et Marcel Herrand — le bien séduisant assassin Lacenaire dans *Les Enfants du paradis* de Marcel Carné. La représentation venait de s'achever ; Bouquet passait avec respect saluer son aîné, l'interprète de Tartuffe, Jean Marchat. Arrivé devant sa loge, il vit que Jouvet était auprès de l'acteur qui se démaquillait. Il l'entendit discuter avec lui de ses projets à l'Athénée. « Que comptes-tu monter ? demanda Jean Marchat. — Je ne sais pas, répondit Jouvet. J'hésite beaucoup, peut-être un Molière, peut-être *Tartuffe*. Mais est-ce que tu connais un bon comédien capable de jouer Tartuffe, toi ? »

Evidemment, Louis Jouvet (qui jouera lui-même le rôle quelques années plus tard, en 1951) n'avait pas assisté à la représentation des Mathurins, et sans doute n'avait-il pas vu non plus la moindre affichette sur le spectacle dans les couloirs du théâtre. Jean Marchat ne lui répondit rien, ne lui souffla même pas en souriant qu'il jouait en ce moment le fameux rôle. Le métier est cruel, les artistes sont souvent trop narcissiques pour s'intéresser à leurs confrères.

Dans son coin, Michel Bouquet écoutait, bien décidé à ne pas desserrer les dents devant pareil monstre sacré, encore moins à susurrer à Jouvet qu'on jouait justement la pièce : « Quand je l'ai vu, j'étais mort de trouille. Comme si j'avais été devant Dieu. Quand on voit un des plus grands artisans du métier qu'on s'est choisi, et qu'on est jeune, ça fait un drôle d'effet, un effet terrible... Je n'aurais jamais voulu être l'élève d'un maître pareil, j'aurais eu bien trop peur ! Peur d'être influencé, troublé, peur que Jouvet me montre à quel point j'avais peu de chances, qu'il casse tous mes espoirs. Et comment n'aurais-je pas cru un tel monument de savoir, de connaissance ?

« Jeune acteur, j'étais sûrement aussi un peu cabot, j'en rajoutais ; s'il me l'avait dit, j'aurais été terrassé et j'aurais peut-être coupé certains robinets qu'il fallait que je laisse ouverts, le temps de progresser, le temps de me rendre compte par moi-même. Je suis prudent. J'ai toujours été prudent. D'une bonne vieille prudence paysanne, héritée de mes origines... Il y a des êtres qu'il vaut mieux admirer de loin que fréquenter de près. Ils peuvent vous détruire. J'ai sûrement plus appris de Jouvet en allant le voir jouer, en me laissant imprégner, envahir par son jeu, qu'en étant son élève. »

C'est à la reprise de *L'Ecole des femmes* à l'Athénée, en janvier 1947, de longs mois plus tard, que Michel Bouquet aura enfin l'occasion de découvrir par lui-même, sur les planches, le jeu du patron. Tous s'accordent à reconnaître que Louis Jouvet fut un extraordinaire Arnolphe, ce vieux barbon qui croit pouvoir se faire aimer d'une toute jeune fille — Agnès — qu'il a adoptée et élevée en vase clos dès son plus jeune âge, espérant ainsi la protéger des turpitudes, hypocrisies et mensonges de la vie en société. Avant de mettre en scène et d'interpréter la pièce, Louis Jouvet avait lu et relu Molière jusqu'à l'épuisement. Avec Christian Bérard, il avait conçu un décor acide et cru : une délicieuse place où domine le blanc, cernée de galeries couvertes, avec, au fond, une haute maison dressée comme un pigeonnier. Devant cette maison, un jardin fermé en angle aigu par deux murs en proue qui s'ouvriront pour certaines scènes laissant voir du gazon, des roses, des fruits en espalier...

On rapporte que le jour de la première, le 9 mai 1936, le metteur en scène-acteur était si mort de trac qu'il ne put entrer en scène. Il ne savait plus son texte, paniquait. Le régisseur dut baisser le rideau, tandis que sa troupe tentait désespérément de le réconforter en coulisses. Presque malgré lui, il se décida alors et apparut sur le plateau, pitoyable et grandiose, royal et dérisoire, admirablement « vrai ».

Une dizaine d'années plus tard, après la guerre, après l'exil, son interprétation, dans le souvenir de Michel Bouquet, reste tout aussi inoubliable : « La perfection même ! La perfection qui vous sidère, vous subjugue, vous rend même incapable d'analyser à quoi tient tant de magie... Jouvet était simultanément d'une humanité profonde et d'une drôlerie extravagante, d'un baroque à l'espagnole tout à fait excentrique et qui convient à mon avis à merveille à Molière, qui n'est pas du tout l'homme de bon sens, l'honnête homme qu'on voudrait nous faire croire.

« Molière au contraire est proche de la dinguerie, de la folie comme des millions d'entre nous, depuis que le monde est monde... Combien de ses personnages ont des comportements absurdes, tel cet Arnolphe tombant amoureux d'une gamine âgée de sept ans ! Pourtant, Jouvet parvenait à nous faire trouver extrêmement tentant, joyeux, d'être amoureux de quelqu'un de beaucoup plus jeune, dans l'innocence totale et le plein épanouissement de la beauté. En tant que spectateur, on se disait

que, bien sûr, cette passion allait le conduire au désespoir total, à la dissolution de lui-même, mais on la
comprenait.

« Il y avait dans le jeu de Jouvet un côté Don Quichotte
magnifique. C'était très curieux : il donnait au rôle une
dimension picaresque, épique et intime tout ensemble.
Dans le costume en gaze que lui avait fait Bérard, il était
comme un papillon qui tourne autour de la flamme
pour se faire brûler, jouet de son propre désir... Quand
on l'entendait donner aux autres des leçons sur l'amour
et les femmes et se comporter lui-même si bizarrement,
on se disait qu'il allait devenir dément. Et on avait peur
de ça, justement qu'il se consume devant nos yeux, qu'il
s'embrase dans sa folie ! Ça, c'est les grandes interprétations : susciter la peur et le plaisir mêlés, la compréhension et l'incompréhension.

« Je n'ai pas forcément réalisé tout ce que je vous dis
en assistant à la représentation. Mais le spectacle de
L'Ecole des femmes a mûri dans ma tête, m'a livré avec le
temps certains de ses secrets : cette façon un peu déli-
rante d'interpréter Molière, par exemple, qu'on jouait
jusqu'alors de manière si sage... Jouvet a ouvert la voie
de la bizarrerie, de l'étrangeté de ce théâtre-là, réputé si
classique. Je l'ai compris bien plus tard en m'y collant à
mon tour, et j'ai tenté de le suivre. »

Reconstruction, réinvention de la mémoire...

9

PREMIERS RÔLES

Alors même qu'il était encore au Conservatoire, en pleine Occupation, Michel Bouquet avait commencé à faire l'acteur sur quelques grandes scènes parisiennes. La vie théâtrale à cette époque etait, il est vrai, extrêmement active. Un large public cherchait sans doute à oublier la défaite du pays et la rigueur des contraintes matérielles en tout genre qui lui étaient imposées, le froid comme la faim. Les salles étaient remplies. Et pas forcément parce qu'elles étaient plus chauffées que les appartements individuels, comme on l'a beaucoup dit ; mais parce qu'on pouvait y entendre, souvent, une parole détachéc de la propagande omniprésente et tenter, à travers ces mots-là, de mieux comprendre ce vieux monde, chaque jour plus cruel, chaque jour plus absurde.

Le théâtre, lieu de résistance souterraine et quasi inconsciente ? N'est-ce pas un lieu de rassemblement quand tous les rassemblements sont alors interdits dans la France occupée ? N'y célèbre-t-on pas la beauté de l'éphémère, de l'instant, de la vie, quand tout autour s'étend la mort ? N'y parle-t-on pas français, enfin, dans un pays où résonne partout la langue germanique, un pays devenu allemand ?

Curieusement, le gouvernement du Maréchal, comme les autorités allemandes, ne semblent jamais avoir voulu réellement brider cet art-là... Pas de rigoureuse politique de programme ni de volonté d'encadrement strict de la part de Vichy. Evidemment la profession n'échappe pas au corporatisme vanté par le régime avec la création d'un « Comité d'organisation des entreprises de spectacles ». En 1943 est promulguée une loi d'organisation des spectacles. Mais l'aide à l'art dramatique est par ailleurs singulièrement développée ; de jeunes troupes sillonnent le pays. Quant au contrôle exercé par la censure, il n'est guère efficace, parfois même bizarrement contré par la Propaganda Abteilung allemande au nom de la liberté artistique !

Si les occupants veillent obstinément à ce que tous les Juifs soient exclus de la direction des théâtres et à ce que tout spectacle nuisible à l'Allemagne soit interdit, ils n'édictent pourtant aucune véritable norme artistique. Sans doute vichystes et Allemands pensent-ils qu'une scène de qualité — mais qu'est-ce pour eux que cette qualité ? — peut aider à la nécessaire rénovation de la communauté nationale...

De 1940 à 1944, on assistera ainsi à un net recul du théâtre de divertissement et de boulevard platement « traditionnel », tandis que s'enchaîneront les créations plus littéraires, plus passionnantes, parfois même carrément sulfureuses. Pendant la seule année 1943, qui voit l'entrée de Michel Bouquet au Conservatoire, Jean-Louis Barrault se risque à monter avec les plus brillants interprètes de la Comédie-Française (Madeleine Renaud, Marie Bell, Mary Marquet, Aimé Clariond, Jean Yonnel, Pierre Dux...) le monumental et très mystique *Soulier de satin* de Paul Claudel, tandis que Jean Cocteau met lui-même en scène, toujours dans la Maison de Molière, son très poétique *Renaud et Armide,* que Douking, au Théâtre Hébertot, laisse entendre à travers *Sodome et Gomorrhe,* avec Edwige Feuillère, le message douloureux de Jean Giraudoux sur le couple, l'amour et notre vieux monde corrompu, et Charles Dullin celui non moins désenchanté de Jean-Paul Sartre sur la liberté, la résistance, dans *Les Mouches,* au Théâtre de la Cité. Et si cette saison 1943-1944 bat tous les records de fréquentation, elle est joliment encadrée en 1942 par la création de *La Reine morte* d'Henry de Montherlant à la Comédie-Française ; en 1944 par le *Huis clos* de Sartre, encore, au Vieux-Colombier, et l'*Antigone* de Jean Anouilh au Théâtre de l'Atelier.

Un climat qui ne peut que stimuler les apprentis-interprètes. D'autant que les metteurs en scène, les théâtres embauchent alors volontiers de jeunes recrues, pour peu qu'elles aient un minimum de talent, le goût du travail et se contentent de salaires modestes. Michel Bouquet est du nombre. « Ce qui est unique au théâtre, dans ce lieu où tous les rêves sont possibles, où toutes les émotions sont recommandées, où la fraternité existe quand même beaucoup entre les acteurs — même s'il y a toujours de petites médisances, mais ça c'est plutôt rigolo, c'est plutôt charmant... —, c'est qu'à peine y est-on entré on se sent comme protégé du monde. Dès les

coulisses, on oubliait ainsi les Allemands, les emmerde-
ments, on était content. On aurait tout accepté. »

Longue et fine silhouette brune, nerveuse, visage
mince, pommettes saillantes, regard brûlant et impressionnante tignasse de jais, le futur jeune premier de Jean
Grémillon dans *Pattes blanches* a déjà une présence singulière. Dès sa première année de Conservatoire, on le
voit apparaître au Studio des Champs-Elysées dans *Première Etape*, une comédie sentimentale et légère que le
fils de Paul Géraldy et de la cantatrice Germaine Lubin,
Paul Gelly, a spécialement écrite pour lui Après une
courte tournée de spectacles classiques à Vichy avec le
Tartuffe de Molière, où il jouera Damis devant la maré-
chale Pétain, Pierre Aldebert l'engagera pour jouer le
Robespierre de Romain Rolland au Théâtre Pigalle, une
des plus belles salles de Paris, aujourd'hui tristement
transformée en garage. Il n'a que dix-huit ans, et on lui
prête déjà l'autorité de l'instigateur de la Terreur qui en
avait à l'époque trente-six. Robespierre, un intransigeant, que Michel Bouquet n'a pas fini d'incarner...

Bientôt, il se retrouve dans la très vivante et passionnante troupe de Jean Marchat et Marcel Herrand. Ces
deux acteurs-metteurs en scène cultivent au Théâtre des
Mathurins une programmation judicieusement éclec-
tique, passant de Sheridan à Ibsen, de Feydeau à Gide,
et savent aussi embaucher avec flair des comédiens à la
présence et à l'imagination rares, différentes. Michel
Bouquet rencontre là-bas Maria Casarès, Daniel Gélin,
Daniel Ivernel et Michel Auclair ; s'y lie d'amitié avec
Jean Carmet, jeune acteur comme lui, mais plus
sociable, moins timide et qui sait se rendre indispensable

dans n'importe quel emploi, en scène comme en coulisses ; qui sait boire avec les copains aussi.

Avec lui, avec eux, Michel Bouquet pourrait découvrir
les joies d'une certaine vie de troupe, les virées au bis-
trot, les sorties tardives, les discussions à n'en plus finir.
Mais il se méfie toujours un peu : « Je restais prudent... »
Aux Mathurins, il participe ainsi à une reprise du *Voyage
de Thésée* de Georges Neveux, une allégorie très littéraire
et joliment politique autour du Minotaure : quelle est
la figure de ce monstre aujourd'hui et comment nous
comportons-nous face à lui ? On le voit aussi dans *Le
Treizième Arbre* d'André Gide. Le comédien prend ses
marques, il mesure ses forces, il prend sa place. Il ne
refuse aucun projet, aucun rôle.

C'est ainsi qu'il accepte de jouer dans la reprise du
Rendez-Vous de Senlis de Jean Anouilh mis en scène par
André Barsacq, nouveau directeur du Théâtre de l'Atelier · une pièce qui avait été créée sous l'Occupation et
avec laquelle il part en tournée en Suisse et en Belgique.
L'auteur prépare alors la création prochaine de *Roméo et
Jeannette,* dont il compte encore confier la direction
d'acteurs à Barsacq. Celui-ci, qui apprécie Bouquet,
convie Anouilh à venir le voir jouer afin peut-être de lui
offrir un autre rôle dans sa nouvelle pièce. Anouilh
débarque un soir au Théâtre Molière de Bruxelles,
trouve l'acteur intéressant · « Oui, en effet, ce garçon
peut très bien jouer Lucien, le mari trompé, le frère
amer de Roméo et Jeannette... » Une grande et longue
complicité venait de naître.

10

JEAN ANOUILH

Depuis 1940, depuis *Léocadia,* cette délicieuse et cynique comédie sur l'amour superbement interprétée au Théâtre de la Michodière (sur une musique de Francis Poulenc...) par le couple Pierre Fresnay-Yvonne Printemps, le jeune auteur Jean Anouilh, trente ans, ancien secrétaire de Louis Jouvet, ne cesse d'accumuler les succès. Début 1941, *Le Rendez-Vous de Senlis,* plus amer encore que *Léocadia,* dénonce avec une percutante malice l'hypocrisie et les conventions bourgeoises sur la scène du Théâtre de l'Atelier ; lui succède fin décembre *Eurydice.* Trois ans plus tard, toujours sur la même scène, sans décor et sur fond de rideau gris, Anouilh crée *Antigone,* interprétée par Monelle Valentin, son épouse, dans le rôle-titre, et Suzanne Flon dans celui d'Ismène, sa sœur. Les deux femmes, en robes du soir intemporelles, y figurent deux attitudes face à un pouvoir sans âme, obsédé d'ordre jusqu'à l'oppression : dire non, quitte à finir par le suicide (Antigone) ou pactiser, chercher le compromis (Ismène). La pièce dans laquelle le public devine et cherche bien sûr des allusions à l'actualité — résistance ou collaboration — fait un triomphe.

Que Jean Anouilh aimerait renouveler avec *Roméo et*

Jeannette. Même si le sujet de cette dernière œuvre ne prête guère aux allusions politiques qui ont fait si fort recette dans une France occupée où il valait mieux s'exprimer à mots couverts. Via les mythes antiques... Ce nouveau drame romantique et grinçant — qui clame pourtant crûment la fin de tout romantisme — affronte deux mondes : l'un bourgeois, conformiste, l'autre marginal, rebelle. La sage Julia, contre son gré, amène son distingué fiancé Frédéric dans sa famille plutôt déjantée, sans loi, sans foi. Et le beau fiancé tombe tragiquement amoureux de Jeannette, la sœur de Julia, déglinguée, allumeuse, sauvageonne, sous le regard moqueur et douloureux de Lucien, l'inquiétant frère aigri. Mais Jeannette ne pourra trouver en Frédéric son Roméo. Dans la France désabusée d'après-guerre, sur le chemin, déjà, d'une certaine dérision, le mythique destin des Roméo et Juliette de Shakespeare semble interdit, murmure Anouilh. Ici ne survivent qu'à peine des « Roméo et Jeannette ».

La distribution choisie par André Barsacq et Jean Anouilh est alléchante : Jean Vilar y remplace au pied levé Jean Chevrier dans le rôle du chic fiancé prêt à se dévergonder, Maria Casarès est la fatale séductrice, Suzanne Flon la gentille Julia éplorée et Michel Bouquet le frère sceptique. Pourtant la pièce, créée en novembre 1946, ne séduit pas autant qu'*Antigone*. Les spectateurs préféraient l'héroïsme pur et dur de la fille d'Œdipe au refus plus sentimental, à la révolte plus intérieure, moins politique, que les héros de *Roméo et Jeannette* opposent au monde.

Anouilh est blessé de ce semi-succès ; il en rend responsables les deux acteurs principaux — Jean Vilar et Maria Casarès — qui, croit-il, n'ont pas donné toute leur plénitude et ont semblé même s'être ennuyés dans leurs rôles dès les premières répétitions ; ce qui l'a profondément vexé.

Avec Michel Bouquet lui-même, le travail, d'abord, n'a pas été facile. Parce que en lisant, relisant la pièce, le jeune acteur s'est mis en tête de donner un débit de voix très rapide à son personnage, ce qui exaspère l'auteur : « Pourquoi aller à cette vitesse ? lui répète-t-il. C'est invraisemblable à la fin ! Vous avez une tirade d'une page et demie et vous la dites à 100 à l'heure ! » Le comédien tient bon. « Ecoutez monsieur Anouilh, je vais vous dire quelque chose : dans votre théâtre, il y a dix images pour une idée. Si je m'arrête sur chaque image, au moment où l'idée arrivera, les spectateurs dormiront ! » Le dramaturge se sent tellement offensé que de toute une semaine il ne mettra plus les pieds aux répétitions. Un moment, Michel Bouquet a même pensé être renvoyé : « Qu'il me fiche à la porte, s'il n'est pas content ! Mais moi, je pense que c'est mieux d'aller vite. Je ne peux pas apitoyer les gens pesamment sur les complexes de mon personnage, ils ont tout de suite compris... Et ils ne veulent pas qu'on les prenne pour des imbéciles ! »

Michel Bouquet n'a pas été renvoyé. Il a très légèrement ralenti, de lui-même, son propre rythme ; et Jean Anouilh, de son côté, a dû penser que l'acteur n'avait pas complètement tort, puisqu'il continuera de lui confier de grands rôles par la suite. La critique ne fut-elle pas en effet unanime sur la performance du comédien ? En novembre 1946, Jacques Lemarchand écrit dans *Combat* : « Michel Bouquet me paraît dominer les autres — pour autant que l'on puisse introduire une hiérarchie dans une troupe qu'André Barsacq a subtilement dirigée. Il a une autorité vraie, une conscience, une habileté instinctive pour dire et se déplacer qui consacrent tous les espoirs que l'on avait placés en lui dès ses concours du Conservatoire et que son interprétation du rôle de Scipion dans *Caligula* avait si brillamment confirmés. »

Est confirmée aussi, par cette anecdote de travail, la forte volonté qu'a Michel Bouquet d'obéir à sa conception personnelle du personnage. D'exercer un quasi-« droit moral » sur son rôle — à la manière des grands anciens, de Mounet-Sully à Sarah Bernhardt — et d'en assumer toutes les responsabilités, en adaptant son jeu, ses moyens techniques au résultat souhaité. Ici la vitesse de la diction. A vingt et un ans, le comédien est déjà diablement exigeant sur son art, la conduite de son métier dont il réclame la complète maîtrise. Intransigeant dès ses premiers succès publics sur ses devoirs et ses droits d'acteur.

Jean Vilar, lui, ne semble pas s'être posé autant de questions pour le personnage de Frédéric. Il se serait contenté de l'interpréter avec une sorte de réserve, de hauteur magnifiques. De son phrasé, si particulier, de son regard hiératique, il survolait bien davantage son rôle, se souvient Michel Bouquet, qu'il ne l'incarnait. D'autant qu'il ne devait guère tenir en haute estime, déjà, le théâtre d'Anouilh. Dans son mémento en 1955, il écrira : « Je ne monterai jamais une pièce d'Anouilh.

Ni à Chaillot, ni ailleurs. J'ai horreur de ces tartes à la crème. Elles m'empoisonnent. On les croit à l'arsenic ou au cyanure. En vérité, c'est seulement la chantilly qui a mal tourné. » Mais Vilar, pourtant, avait été curieux de cette expérience très parisienne. Sans compter qu'il fallait bien vivre. Ne fût-ce que pour se donner les moyens de rêver à d'autres grands projets.

Michel Bouquet connaissait Jean Vilar depuis que ce dernier lui avait proposé de participer, en juin 1945, à la création de *Meurtre dans la cathédrale* de T.S. Eliot au Théâtre du Vieux-Colombier. L'acteur, hélas, n'était pas libre, mais il avait aimé leur rencontre, leur manière commune, rigoureuse, forte, d'envisager le théâtre. Et les deux hommes gardaient l'envie de travailler bientôt ensemble. « Vilar n'avait que trente-trois ans quand je l'ai vu pour la première fois, il avait réalisé fort peu de choses, encore, au théâtre, et pourtant il donnait l'impression d'un grand aîné. A cause du charme de son intelligence, à cause de sa présence impressionnante. On savait d'emblée qu'on était devant un chef par sa concentration, sa rapidité de décision. Quand je lui ai dit, par exemple, que je n'étais pas libre pour *Meurtre dans la cathédrale*, il a répondu : " Très bien. On va se revoir. " Et dans la conversation, on est très vite passé à autre chose. Il avait cet esprit précis d'un homme qui a beaucoup de choses à faire et pas de temps à perdre, tout en laissant les portes ouvertes sur l'avenir.

« Nous nous sommes mieux connus pendant les représentations de *Roméo et Jeannette*, même s'il s'y est senti constamment mal à l'aise, et ne s'est pas très bien entendu avec André Barsacq, le metteur en scène. Vilar était un merveilleux diseur, il faisait superbement comprendre le sens, mais donner de la vie à un personnage, surtout un personnage d'Anouilh, ne le tentait pas tellement... Par la suite, quand j'ai enchaîné avec *L'Invitation au château* du même Anouilh, en 1947, toujours au Théâtre de l'Atelier et dans une mise en scène d'André Barsacq, il m'a beaucoup reproché de perdre mon temps avec ces " anouilheries " ! Il est vrai qu'à l'été 47, dans la foulée de notre spectacle commun, j'avais commencé à participer avec lui — dans *La Terrasse de midi* de Maurice Clavel — à la grande aventure du festival d'Avignon qui nous a par la suite tant apporté... Mais je ne renie pas, pourtant, le compagnonnage avec Jean Anouilh qui m'a beaucoup appris, lui aussi. »

L'Invitation au château remporta d'ailleurs un succès bien plus vif que *Roméo et Jeannette*. Même si certains reprochaient à Anouilh d'avoir fait du père de sa richissime héroïne une caricature de banquier juif, ce qui semblait plutôt de mauvais goût après la guerre... Dans cette douloureuse et brillante comédie sur les manipulations amoureuses, Michel Bouquet incarnait avec une virtuosité jointe à une distance pleine de mesure deux frères jumeaux, l'un cynique et vaniteux, l'autre sensible, timide et délicat. Devant monter lui-même la pièce à Londres, le metteur en scène Peter Brook était venu alors observer le jeu de l'acteur et se souvient aujourd'hui encore de sa grâce, de son élégante et parfaite maîtrise.

Le défi de l'interprète était, il est vrai, excitant, audacieux, et Michel Bouquet se montrait déjà avide de se surpasser. D'autant mieux que, cette fois, la collaboration avec l'auteur fut moins houleuse. Le comédien reconnaît même qu'elle fut pour lui décisive. « Anouilh nous expliquait que l'auteur met en place une véritable trajectoire pour l'action de sa pièce, une chronologie précise d'événements qui doivent apporter sans cesse quelque chose de nouveau au spectateur et lui faire suivre avec plaisir le chemin qu'a choisi pour lui l'auteur. Il insistait pour qu'on respecte cette ligne d'action, qu'on ne fasse rien en dehors d'elle, sans quoi la pièce perdrait son efficacité.

« Servir l'auteur... Bien sûr, Anouilh prêchait pour sa paroisse en nous inculquant cette mission-là ; mais ce faisant, il m'a rendu plus attentif à la structure même des textes, à ces effets que le dramaturge dispose tout au long de sa pièce pour que le feu d'artifices final soit le plus éclatant possible. Il m'a ainsi alerté sur la relation très intime que l'acteur doit avoir en permanence avec l'auteur, sur cette cuisine subtile qui doit se nouer entre eux. Et j'y ai été d'autant plus sensible que son univers ne m'était pas d'emblée familier. Anouilh fait avant tout un théâtre de critique : il a une attitude violente face aux personnages qu'il met en scène et qu'il lui arrive parfois de haïr. Il cherche à s'en moquer, à les rendre ridicules, à les pulvériser presque. Il est terrible avec ses personnages, il en fait des insectes qui se débattent furieusement entre eux. Il y en a qui mangent les autres, il y en a qui se dévorent eux-mêmes, il y en a qui sont moins mauvais...

« Je me souviens d'avoir admiré chez lui quelques magnifiques automates du XVIIIe siècle qu'il collectionnait ; de petits orchestres d'automates qui jouaient chacun d'un instrument. Eh bien, pour Anouilh, les hommes sont un peu des automates.

« Son univers est cruel. Proche du mélodrame du XIXᵉ, mais revu par un esprit caustique. On a eu tort de chercher par la suite à l'humaniser. Anouilh n'est pas un homme qui s'émeut. Ce n'est pas un gentil. Il est beaucoup plus révolutionnaire, plus anarchiste qu'on ne le croit d'ordinaire. Il ne fait pas du tout partie de ce monde bourgeois qu'il dépeint à longueur de pièces. C'est un écorché vif. Un sale gosse qui est dans le fond de la classe, qui voudrait sûrement être le premier, mais qui reste au fond de la classe et regarde avec une acuité terrible ceux qui la composent. Avec une sournoise et méchante envie de vengeance. C'est ce qui fait sa force et sa singularité, cette méchanceté, avec ce côté minable qu'elle a aussi parfois et que méprisait tant Jouvet du temps où Anouilh était son secrétaire et même par la suite. Les deux hommes se sont toujours haïs ; on n'a jamais su au juste pourquoi... Mais Jouvet aurait dû pressentir que l'aspect étriqué d'Anouilh, même s'il était serré jusqu'à l'absolue mesquinerie, faisait aussi sa grandeur d'écrivain : c'est ce qui lui a permis de trouver le personnage de Bitos. Grâce à lui, quantité d'êtres rétrécis, prisonniers d'eux-mêmes au point d'étouffer — comme lui-même peut-être ? — ont pu être représentés sur scène, y exister.

« Anouilh ne sortira du purgatoire où on le confine aujourd'hui que si on accepte sa méchanceté, sa médiocrité, si on n'essaie pas de les banaliser et de faire de lui un auteur " normal ". Car c'est cette méchanceté-là, cette médiocrité-là qui sont fascinantes et qui collent, en plus, à merveille à notre société actuelle. »

Cruel Anouilh, quand il dépeint en 1953 dans *L'Alouette* une Jeanne d'Arc humaine et familière jusqu'à l'ordinaire, une sainte presque désacralisée avec qui gaiement rigoler. Comme si, après la défaite de 1940 et les années pétainistes, on ne pouvait plus envisager de vrais héros — même historiques — pour sauver la France... Au Théâtre Montparnasse, la comédie que l'auteur a lui-même mise en scène, avec Roland Pietri, fait un triomphe de longs mois durant, puis en tournée dans tout le pays. Aux côtés de Suzanne Flon, savoureuse Jeanne d'Arc, Michel Bouquet incarne l'incertain, et naïf, et mutin Charles VII : « Nous avons joué la pièce près de mille représentations ! C'était la première fois que je tenais un rôle si longtemps : comment alors ne pas s'user, ne pas se lasser et lasser le public ?

« Grâce à Anouilh, qui était très vigilant sur la qualité de notre interprétation dans la durée, qui voulait éviter qu'elle se détériore, tombe dans la redite, et venait ainsi nous voir jouer très souvent pour nous surveiller, j'ai pu apprendre à faire affluer chaque soir un peu de sang neuf dans le rôle, tout en essayant de préserver la qualité de l'ancien. C'est une véritable technique mentale que je me suis peu à peu forgée sous son regard rigoureux et attentif. Car on court bien des risques à dire des centaines de fois la même partition : on ne la sait plus, à force de trop la savoir, on peut avoir des trous de mémoire...

« Pour l'éviter, il faut s'entraîner à changer très légèrement l'imaginaire du rôle en cours de route, à l'enrichir pour ne pas risquer de s'y habituer et de s'y endormir. Le tout sans jamais détruire la ligne générale. Cet enrichissement du rôle, Anouilh m'a enseigné à le tirer de l'auteur, du texte, en y revenant sans cesse. Tout en sachant se remettre en cause soi-même après chaque représentation, réfléchir à ce qui n'a pas été réussi, pourquoi et comment l'éviter. Car il faut aussi chercher en soi des raisons nouvelles de dire quotidiennement les mêmes mots... Cette pratique, toute artisanale, qui reste au cœur de mon travail, j'en suis redevable à Jean Anouilh. Parce qu'il ne tolérait aucune défaillance, aucune facilité. »

Pratique qui devait combler d'aise l'auteur au demeurant si difficile, si pointilleux avec ses interprètes puisqu'il devait déclarer plus tard au critique de théâtre Pierre Marcabru : « Bouquet, dans le personnage, va droit au squelette, en compte tous les os, et l'habille à sa manière. Il n'oublie rien, et d'abord l'essentiel, qui est toujours dans le détail. »

Un soir que Jean Anouilh est venu voir ses acteurs, comme à l'accoutumée depuis la coulisse, Michel Bouquet lui glisse qu'il aimerait bien jouer Robespierre. « Cette espèce de pisse-froid ! Vous avez vraiment de drôles d'idées ! » lui rétorque l'auteur. Mais quelques semaines plus tard, il arrive en pleine représentation, un manuscrit sous le bras. Du plateau où il est en train de jouer, Michel Bouquet l'aperçoit. Quand il sort de scène, Anouilh lui susurre rapidement : « Il s'appellera Bitos ! » Bouquet retourne sur le plateau puis ressort : « Voilà, il s'appelle Bitos, lui confirme le dramaturge. Lisez la pièce et on se téléphone dans deux jours. »

Bitos, dans l'imagination d'Anouilh, c'était une sorte d'arrière-petit-fils de Robespierre dans la France d'après-guerre. Mais ce n'était plus vraiment non plus Robespierre ; plutôt un pâle ersatz, un médiocre qui rêve d'avoir un destin de grand politique sans en avoir les moyens. « J'admire assez quant à moi le vrai Robespierre, admet aujourd'hui Michel Bouquet. Même s'il est moins doué que ses confrères révolutionnaires, s'il n'a pas l'intelligence d'un Mirabeau, s'il est moins bon orateur que Danton, s'il a un côté séminariste rêvant vainement d'être Dieu. C'est un chaste, aussi, qui ne peut approcher une femme... Mais il a dû avoir si peur ! Je suis fasciné et terrorisé par ces peurs qu'il a dû affronter : peur du peuple, peur que la Révolution se retourne contre lui, peur de Danton et des autres. Il a dû vivre un enfer.

« Bitos, lui, est un scandaleux sous-produit de ce modèle, avec un zest du Tartuffe de Molière en plus. A la Libération, au moment où se passe la pièce intitulée *Pauvre Bitos ou le Dîner de têtes*, il se livre à de sinistres épurations au nom de la Résistance, à des règlements de compte sordides et révoltants au nom de la France. C'est un homme avide de pouvoir, avide de laisser sa marque, et profondément nourri de cette mesquinerie qu'il veut faire triompher sur les autres. Un être abject et qui se prétend homme de gauche ! Anouilh y allait fort dans la dénonciation de cette nouvelle " terreur " d'après-guerre. Mais il attaquait tout en même temps, fustigeait tout, tous azimuts — la collaboration, la Résistance, l'épuration —, les gens du monde, les patrons, le peuple, les femmes... C'était un bulldozer qui alignait tout sur son passage ! Je dois avouer que, au cours des répétitions qu'il avait voulues très secrètes, je ne me suis pas vraiment rendu compte du tollé que nous allions déchaîner.

« Lui devait s'en douter. Je me souviens que le soir de la générale au Théâtre Montparnasse, il m'a emmené manger une sole grillée vers 18 heures, rue de La Gaîté, aux " Iles Marquises ", et il m'a déclaré : " C'est mieux de se nourrir avant, comme ça vous aurez des forces pour ce soir : ça ne va pas être de la tarte ! " On a mangé la sole, on s'est dit ce qu'on se dit toujours dans ces cas-là : " Ça va aller... untel est très bien... " Des bêtises quoi, rien... Et puis Jean Anouilh, qui faisait un régime sans sel, a tourné le poivrier sur sa sole en déclarant gravement : " Il n'y a pas de sel dans le poivre. " On n'a rien pris d'autre, on est partis se préparer. La générale a été terrible. En pleine représentation des spectateurs se sont mis à hurler : " Arrêtez-vous, c'est une honte ! Vous insultez la Résistance ! " Nous, imperturbables, nous continuions. Anouilh, comme d'habitude, regardait la pièce des coulisses. Avant la fin, depuis le plateau, j'ai jeté un dernier coup d'œil dans sa direction : il était parti. Il avait bien fait. Beaucoup l'attendaient à la sortie pour lui donner une raclée. »

C'était le 11 octobre 1956. *Pauvre Bitos ou le Dîner de têtes* fut le premier spectacle qui provoqua tant de polémiques depuis la guerre. Certains allèrent jusqu'à qualifier la pièce d'« ordure » ou de « crachat » ; la plupart reprochaient à Anouilh de souiller l'honneur et la mémoire de la France, de mettre gauche et droite dans le même sac de fiel et de mépris, de ne sauver ni pauvres, ni riches : tous infâmes, lamentables, les Français qu'il mettait en scène... Mais si cette comédie grinçante fit violemment réagir le public, elle ne manqua pas de le faire venir en grand nombre : la pièce fut un triomphe, tint l'affiche jusqu'en juin 1957, fut reprise au Théâtre de Paris dix ans plus tard, en septembre 1967, en alternance avec *L'Alouette*, et connut pareil succès.

Alors que la presse de l'époque avait été presque unanime à décrier un texte jugé ignoble, Michel Bouquet, lui, fut apprécié par tous. Grâce aux conseils de Jean Anouilh, il avait réussi une composition saisissante. « Il m'avait dit : " Bitos, tu sais, est une espèce de marionnette. Il a une petite voix qui glapit, qui emmerde le monde, il a un cul serré. Il cache les atrocités dont il rêve derrière une attitude glacée, proprette, et une voix haut perchée. Il faut avoir cette voix très haute, très péremptoire pour l'incarner. " Cette voix, qu'il exigeait, m'a gêné pendant de longues semaines de répétitions ; mais ensuite, elle est devenue une partie de moi, et sous l'influence du personnage, elle s'est peu à peu imposée d'une manière terrible. Elle ne pouvait être que comme celle-là... Si j'avais pris mon médium normal, on n'aurait jamais eu Bitos.

« Il y a des personnages, évidemment, qui ont des timbres plus graves, avec des grasseyements, des vulgarités sous-jacentes, organiques presque, et qui dévoilent aussi des abîmes de saloperies. Dans chaque rôle, et c'est bien, on n'a jamais vraiment la même voix. L'acteur doit produire cette matière sonore. Qui ne lui appartient pas vraiment dans la réalité. Donc, il doit faire le vide en lui ; s'il est encombré de sa personne, le travail ne pourra être accompli. J'aime beaucoup qu'il y ait des voix diffé-rentes de ma voix naturelle qui puissent sortir de moi. »

Magie de la sonorité vocale selon Michel Bouquet. A partir du travail sur Bitos, il n'en jouera, jouira que mieux. Il découpe si bien les sons propres à chaque per-sonnage, de scène en scène, avec une lame, un scalpel qui n'appartiennent qu'à lui, que c'est un sens de plus, mystérieux, indicible qu'il apporte au sens littéral du texte. Il a le don de la voix, l'instinct de la voix. L'odieux Bitos, le rôle qu'il a préféré interpréter sur les six que lui aura confiés Jean Anouilh — « le plus complet, un homme qui prétend réformer le pouvoir, forger un nou-vel homme dans le pays ! » — aura agi, peut-être, comme un révélateur.

La dernière collaboration avec Anouilh, en 1968, autour du *Boulanger, la boulangère et le petit mitron* l'a peu satisfait ; il s'y est trouvé moins bon, et la mise en scène du dramaturge moins intéressante : « Je voyais la pièce légère, poétique, innocente ; lui la voulait au contraire très réaliste. »

Michel Bouquet et Jean Anouilh ne travailleront plus ensemble. Car Michel Bouquet n'aime guère intervenir sur une mise en scène, donner son avis ; il dit que ce n'est pas son métier, que la cuisine du spectacle, sa mise en place ne le regardent pas. Mais que son propre travail d'interprète ne concerne pas non plus le metteur en scène : lui, il n'a qu'à très bien choisir ses comédiens, et après leur donner sa confiance, les laisser faire.

La connivence entre l'auteur et son interprète aura quand même duré près de vingt-cinq ans. Anouilh est l'auteur que le comédien aura joué le plus longuement.

Des années durant, il aura vécu au milieu de ses toiles peintes, aura ausculté chacune de ses phrases, au point de le connaître mieux, peut-être, qu'il ne se connaissait lui-même... S'il évoque parfois des relations père-fils, peu de souvenirs personnels paraissent subsister de ce compagnonnage. Michel Bouquet dit n'avoir vraiment connu Jean Anouilh que professionnellement. Il n'a dîné, n'a été invité chez lui que rarement : « Il avait sa place d'auteur, moi ma place d'interprète. Il n'était pas question que ça dépasse le cadre du théâtre. J'étais l'acteur qu'il appréciait et encourageait pour certaines choses, c'est tout. Rien de plus... J'aurais souhaité sans doute être son ami. S'il avait de l'amitié pour moi, il ne me l'a jamais dit. J'étais très jeune, trop jeune peut-être par rapport à lui. »

11

JEAN VILAR

« Vous vous souvenez que vous me devez quelque chose, Bouquet. Parce que je voulais vous avoir pour un rôle et que vous n'étiez pas disponible... », avait simplement dit Jean Vilar au comédien lors de leurs retrouvailles sur le plateau de *Roméo et Jeannette* au Théâtre de l'Atelier. « Mais oui, Vilar ! Je serais tellement heureux de travailler avec vous. » Et voilà Michel Bouquet aussitôt embarqué pour le premier festival d'Avignon, encore appelé « Semaine d'Art en Avignon », du 4 au 10 septembre 1947.

Le patron de la naissante manifestation a distribué l'acteur dans *La Terrasse de midi* de Maurice Clavel au Théâtre Municipal ; lui-même incarne et met en scène *La Tragédie du roi Richard II* de Shakespeare dans la cour d'Honneur du palais des Papes, où sera aussi donné, sous la nuit étoilée avignonnaise, un troisième spectacle, *Histoire de Tobie et de Sara*, de Paul Claudel, dans une mise en scène de Maurice Cazeneuve.

Les répétitions de *La Terrasse de midi* se font tout l'été durant au Théâtre Edouard-VII. Aux côtés de Jeanne Moreau, Jean Leuvrais et Germaine Montero, Michel Bouquet y incarne une sorte de Hamlet contemporain lourdement chargé de problèmes de conscience. Le 27 août, la petite troupe prend le train, en deuxième classe. D'autres compagnons sont de l'aventure : Alain Cuny, Silvia Monfort, Béatrix Dussane, Bernard Noël, Jean-Pierre Jorris, Jean Negroni... Tous s'inquiètent de jouer en plein air ; la bande de *La Terrasse de midi* est plus sereine de se retrouver place de l'Horloge, entre les quatre murs du Théâtre Municipal.

C'est pourtant la performance de ses camarades dans Shakespeare, au palais des Papes, qui aura le plus impressionné alors Michel Bouquet. « C'est sur une petite estrade nichée au fond de la cour d'Honneur, tout près des quelque quatre cents ou cinq cents spectateurs assis sur de méchantes chaises tout autour, que Jean Vilar avait très simplement, très sobrement placé ses comédiens. Et tout de suite la pièce a magnifiquement fonctionné, respiré même, avec les pierres, les hauts murs qui l'enserraient. On avait l'impression que la tragédie venait d'être écrite. Sans doute parce que les malheurs du roi Richard II, vaincu, rejeté par tous, condamné par tous, réveillaient obscurément les sentiments de défaite, d'abandon vécus par tout un chacun au moment de la guerre et de l'Occupation. Nous étions en 1947, ces souvenirs-là étaient encore frais.

« A vrai dire, Jean Vilar a toujours eu un étonnant sens politique ; il avait le génie de programmer des pièces qui correspondaient à merveille aux préoccupations du moment ; il devinait avec une rare intuition ce que les gens avaient envie d'entendre, les questions qu'ils voulaient se poser, les sujets dont il fallait leur parler. C'était une sorte de sixième sens. Il savait profiter artistiquement des événements, et rendre ainsi le théâtre très présent, très populaire au cœur de la cité. Moi, je n'aurais jamais eu ces fulgurances-là ; sans doute suis-je trop renfermé sur moi-même pour pressentir, comme lui savait le faire, les pièces qui vont passionner, motiver le public.

« A l'occasion de *La Terrasse de midi*, je l'ai découvert aussi comme metteur en scène. Ce qu'il avait en ce domaine de plus rare, de plus exceptionnel, était un sens tout à fait magique de la distribution. Jean Vilar choisissait magnifiquement ses interprètes. Il voyait quelqu'un juste deux minutes et il savait immédiatement en quoi celui-ci lui serait ou non indispensable. Il avait un flair infaillible pour ce que chacun pouvait jouer au mieux et avec qui. Quand il vous installait dans un rôle, c'était comme si vous ne pouviez plus faire autrement : on ne se posait même plus de questions, c'était normal qu'on soit là, avec ce rôle-là, avec ce partenaire-là.

« Et ça, ce don, c'est déjà plus de la moitié de la mise en scène ! Car après, les grands, les vraiment grands metteurs en scène laissent toujours agir les comédiens ; ils savent qu'ils n'ont pas à intervenir dans la cuisine intérieure que ceux-ci se mitonnent pour le rôle, sinon ils risqueraient de massacrer, de tuer le travail en cours... Et de toute façon, ce serait le signe qu'ils se sont trompés, qu'ils ont mal choisi leurs interprètes et mal calculé leur coup.

« Moi, j'ai horreur qu'on tente de m'indiquer quoi que ce soit sur le personnage, qu'on essaie de m'influencer. C'est vrai que je n'ai jamais aimé tout au long de ma carrière me confronter aux grands metteurs en scène.

J'avais peur qu'ils m'imposent leur point de vue. J'avais peut-être tort. Je m'en excuse auprès d'eux. Mais après tout, ils ne m'ont jamais beaucoup demandé, eux non plus. Ils devaient craindre que je regimbe. Mais si on cherche à me suggérer quoi que ce soit sur le rôle, à quoi donc je sers ? C'est à moi seul d'en étudier très rigoureusement les motivations, les réactions, puis de m'en débarrasser, pour faire place nette, laisser sa liberté entière au personnage. Or je n'ai besoin de personne pour ça. Je n'ai besoin que de mon travail. Encore une fois un grand directeur d'acteurs est juste un grand sélectionneur d'acteurs.

« Vilar en était un. Pendant les répétitions, il rentrait rarement dans les détails, ne disait pas grand-chose, ne nous donnait jamais, en tout cas, d'indications psychologiques. Heureusement ! Ne sont-elles pas, pour un comédien, qu'un dérisoire pansement ? D'abord l'interprète est lui-même capable d'être le psychiatre de son personnage, et puis surtout il doit être pris par la force de la situation, donner le sentiment que dégage cette situation et se laisser avant tout emporter par l'action.

« Vilar avait un grand sens du spectacle. Et si je suis très jaloux de mes droits et devoirs d'acteur, je suis toujours respectueux, obéissant, dès que je me rends compte de cette qualité-là chez un metteur en scène. Vilar avait le talent de la visibilité, de la clarté. C'était une sorte de typographe inspiré qui nous plaçait sur scène comme sur une page blanche, en choisissant au mieux les caractères, les espaces, pour que le sens de la pièce, le plus lumineusement, se dégage. Et n'importe quel public était alors capable de lire, de déchiffrer le propos de l'auteur. Moi qui ai fait essentiellement du théâtre pour servir les grands textes et non pas me montrer, j'étais ravi : rien dans ces spectacles ne restait obscur, on n'y trouvait aucun moment de déperdition.

« Car Vilar prenait soin aussi de trouver l'espace qui correspondrait le mieux au verbe de tel ou tel — Shakespeare, Büchner, Kleist ou Brecht —, le volume qui le ferait le mieux s'épanouir, en faisant attention, toujours, à la réverbération ou autre problème technique lié au son... Il accordait enfin une immense importance au rythme d'émission. Plutôt que de nous conseiller — pour jouer telle réplique — d'être gai ou triste, lui nous disait : " Entre telle et telle scène, vous pouvez aller à 80 km/h ; entre telle autre et telle autre, mieux vaut ralentir à 20 km/h ; et entre ces deux-là, remonter à 60. Après vous pouvez filer tranquille à 120. " Ça n'a l'air de rien, mais on mettait en application ces indications de vitesse et tout à coup la pièce vivait ! »

Avec Jean Vilar, le compagnonnage durera encore quelques années. En juillet 1950, Michel Bouquet affronte la cour d'Honneur avec *Henry IV* de Shakespeare, il y incarne le prince Hal. Durant la seule année 1953, on le retrouve dans la grande salle du Théâtre national populaire de Chaillot (dont Vilar a été nommé directeur en 1951), en Saint-Just dans la reprise de *La Mort de Danton* de Georg Büchner créée à Avignon en 1948 ; en Aumerle dans la reprise encore de *La Tragédie du roi Richard II* de Shakespeare, puis en rigolo Léandre dans la farce du *Médecin malgré lui* de Molière, monté par Jean-Pierre Darras. Et l'été qui suit le verra derechef dans la cour d'Honneur du palais des Papes, en éblouissant et hilarant paysan Pierrot du *Don Juan* de Molière, face à un Jean Vilar très grand seigneur libertin.

Malgré cette fructueuse et brillante complicité, jamais le comédien n'aura envie d'appartenir à la déjà prestigieuse troupe du TNP (pas plus qu'il n'a voulu entrer à la Comédie-Française où on l'a par trois fois sollicité). « Je n'aime guère le climat d'autosatisfaction qui règne souvent dans ce genre de collectivité. J'ai horreur que les gens se contentent d'eux-mêmes, se congratulent, se laissent aller. Sans doute ai-je moi-même trop peur du laisser-aller. Il m'est arrivé autrefois d'avoir de grandes crises de désespoir, suite à un premier mariage douloureux. J'ai bu. Beaucoup. Longtemps. Au risque de me mettre en péril. Je me suis effrayé quelquefois. Je sais désormais qu'il faut me tenir au lasso. Suivre scrupuleusement les règles que je m'impose. Sinon je pourrais être distrait, détourné de ce pour quoi je suis fait : mon métier, le théâtre. Voilà pourquoi je ne supporte pas la complaisance, avec soi-même ou avec les autres. La vie de troupe et ses faux-semblants n'est pas faite pour moi. Je suis trop individualiste, trop solitaire. Je ne veux obéir qu'aux ordres que je me fixe.

« Et puis, je m'ennuie aussi, à la longue, avec toujours les mêmes partenaires, à jouer toujours dans les mêmes lieux. Je préfère en découvrir de nouveaux, le temps d'une pièce ; on fait ensemble le meilleur travail possible, et puis on se quitte. On se dit au revoir, on se dit qu'on se retrouvera peut-être bientôt... Et puis on ne se retrouve pas ; on se doutait qu'on ne se retrouverait pas ; on se perd même souvent complètement de vue... Alors on découvre encore une fois d'autres partenaires, dans un autre lieu ; on fait à nouveau ensemble le meilleur travail possible, et c'est ça, vraiment, qui est intéressant, qui est beau. Qui oblige à se renouveler, à se réinventer. »

Ainsi Michel Bouquet refusera-t-il à Jean Vilar de jouer *Le Misanthrope* de Molière, comme le maître de Chaillot le note lui-même tristement dans son mémento à la date du 17 mars 1955 : « Je n'arriverai plus, qui sait, à mettre la main désormais sur cet intelligent et très sensible cadet qui, au moment même où je m'explique sur la scène le plus confusément du monde, me comprend, m'exécute, et va heureusement plus loin et plus profondément que ce que je demandais. Deux sensibilités en définitive très proches l'une de l'autre. » L'explication officielle du refus de Michel Bouquet fut alors qu'il se sentait trop jeune pour le rôle. Mais quand il évoque, quarante-cinq ans plus tard, ce même souvenir, il dit qu'il se sentait alors trop vieux. Le contraire. Etonnant tour de passe-passe de la mémoire pour un rôle qui de toute façon faisait encore trop peur au futur interprète de *L'Avare* ou du *Malade imaginaire*.

Quel âge a donc Alceste ? Et est-ce si important ? « Je n'arrivais pas à l'époque à trouver l'aria du rôle, cette pure ligne de chant capable de toucher tous les spectateurs, bien au-delà de la psychologie, au-delà des prétendues caractéristiques du personnage ! Car il s'agit ici de faire percevoir le chant intime, secret, de l'être à incarner ; de le donner à sentir par-delà les mots — car souvent les mots ne disent qu'une toute petite partie du rôle ! —, de lui donner sa dimension dans l'absolu...

« Alceste me semblait alors un assemblage monstrueux

de masculinité, un patchwork presque incompréhen-
sible. Parfois il est séduisant, intelligent, brillant comme
le Dom Juan que Molière écrivit peu avant et que le
misanthrope reprend à sa façon ; parfois c'est un bouf-
fon ridicule à jeter au cabinet ; prenez sa dernière
réplique :

> *Je vais sortir d'un gouffre où triomphent les vices*
> *Et chercher sur la terre un endroit écarté*
> *Où d'être homme d'honneur on ait la liberté.*

« Ces trois alexandrins ne pourraient-ils pas être pro-
noncés par une sorte d'ancien combattant amer, aigri,
grotesque, un homme qui a tout raté et qui donne
encore des leçons ! Je suis persuadé que marié avec
Célimène, Alceste ne se serait pas entendu plus de deux
heures avec elle ! C'est Célimène, pour moi, qui reste le
point central de la pièce, avec cette envie de vivre dévo-
rante qu'elle a, à chaque instant, et qu'ont souvent aussi
les très jeunes femmes.

« J'ai beaucoup travaillé Alceste seul. Sans vouloir le
jouer. Car je ne l'ai jamais bien compris. Mais il faut
parfois quinze, vingt ans de travail pour aborder un
rôle... Les acteurs croient trop volontiers, en effet, que le
sens est uniquement dans ce qu'ils disent. C'est faux ! La
situation entre les personnages, leurs relations non dites,
non écrites sont toujours plus intéressantes à observer, à
étudier, que les dialogues qui prétendent en rendre
compte. C'est dans la situation que l'acteur a enfin son
mot à dire, sa part d'imagination à apporter. Même si
c'est à travers des silences : les silences sont souvent les

moments les plus universels au théâtre. C'est rarement ce qui y est proféré qui est le plus important, le plus essentiel. »

Ainsi Michel Bouquet ne sera-t-il jamais le misanthrope de Molière. Sans regret. Il ne s'y sentait pas prêt intérieurement, et n'a jamais fait assez confiance à un metteur en scène pour passer outre ses propres inquiétudes, penser qu'avec l'aide d'un autre il aurait pu, peut-être, les dominer. Le comédien, il le répète constamment, doit créer seul son personnage. Au risque parfois de se heurter au metteur en scène et de faire échouer le projet commun.

Ce fut le cas pour *Hamlet* que le patron du TNP avait proposé à Michel Bouquet, peu après la mort de Gérard Philipe. Mais sans doute l'acteur avait-il du rôle shakespearien une conception qui effraya Jean Vilar ? Bien qu'il ait pourtant déjà commandé les décors du nouveau spectacle, il arrêta net l'entreprise un mois après leurs premières discussions : « Ecoute, Michel : je suis ignoble, je le sais. Mais je ne le ferai pas. »

Comme il l'avait pressenti dans son mémento du 17 mars 1955, Jean Vilar ne travaillerait donc plus avec Michel Bouquet, dont il se sentait pourtant si proche, peu de temps avant. Les deux hommes de théâtre avaient chacun trop avancé individuellement sur leur chemin d'artiste pour pouvoir encore partager. Michel Bouquet dit aujourd'hui n'avoir rien répliqué à Vilar, ne lui avoir rien reproché. Trop fier pour cela. Il a quitté sans amertume et sans regret — il dit encore n'avoir jamais de regret — l'appartement de la place du Trocadéro où Vilar habitait et l'avait reçu : « C'était son droit le plus strict de ne pas adhérer à ce que je lui proposais. Et de toute façon, si ce n'était pas monté dans l'esprit qui était le mien, ce n'était plus nécessaire pour moi de le jouer... »

Formidable intransigeance et orgueil d'acteur. Mais toujours fondés sur un travail scrupuleux, acharné. Quand Michel Bouquet explique à Vilar que le prince de Danemark est pour lui une sorte d'Antéchrist, d'agnostique si absolu qu'il en devient presque mystique, il a suffisamment lu et relu la pièce — des dizaines et des dizaines de fois — pour étayer ses propos : « Hamlet agit comme quelqu'un qui n'a plus à être là, qui ne croit plus en rien. C'est un nihiliste dangereux : là où il passe, il n'y a plus de vie possible. Voilà pourquoi tous dans la pièce lui en veulent, en ont peur. Car Hamlet n'est ni hésitant, ni raisonneur, ni sentimental : il fonce, c'est un homme d'action. Surtout pas un philosophe. N'est-il pas lui-même surpris des réflexions qui l'animent à la vue de certaines choses qui le choquent ? Et il a en plus énormément d'humour, le plus souvent provocant, insolent, parfois obscène.

« Pour moi Hamlet est en état de transe, hyper actif durant toute la tragédie : un homme qui part au combat à la fin de la pièce, qui provoque son oncle et se bat en duel avec son ex-ami Laerte ne peut être un croûton mélancolique en train de philosopher dans son coin, comme tant de metteurs en scène ont voulu nous le montrer. Ils oublient trop souvent qu'il s'agit d'une œuvre élisabéthaine, telle qu'on en trouvait dans le florissant théâtre anglais des années 1550-1650, c'est-à-dire une pièce extraordinairement dynamique, avec des ruptures de ton, et de l'action, beaucoup d'action censée refléter les vérités du cœur et de l'esprit bien sûr, mais aussi, mais surtout le spectacle du monde.

« Le propre d'un grand personnage de théâtre, c'est en effet qu'il avance, qu'il " acte ", qu'il prend des risques. Rien de moins théâtral qu'un personnage qui réfléchit ! Vilar pourtant a dû paradoxalement penser que je coupais les cheveux en quatre sur ce rôle, avec mes histoires de Christ agnostique qui vomit les tièdes... à la manière de Hamlet. J'ai travaillé longtemps la pièce quand même. Seul. Pour moi seul. »

Ainsi s'achèvera la relation avec Jean Vilar et le TNP. Michel Bouquet ne renoncera pas à ses exigences artistiques. A ses exigences matérielles non plus. Il avoue sans honte, tout droit, qu'il avait besoin d'argent, besoin donc de jouer dans des pièces à succès et de les jouer longtemps. Non qu'il soit dépensier, l'homme dit avoir horreur d'acheter, de consommer. Et on le croit. Le réel et ses contingences visiblement l'indiffèrent, quand ils ne lui déplaisent pas. Il dit n'avoir même pas son permis de conduire, ne pratiquer aucun sport, ne savoir même pas nager. Il dit qu'à l'âge où il aurait pu apprendre la natation, par exemple, c'était la guerre ; et qu'après c'était trop tard, qu'il était trop vieux : la plupart des plages minées pendant la guerre n'ont-elles pas été interdites au public jusque dans les années 50 ? Mais de toute façon, tous ces divertissements-là l'auraient trop éloigné de son art ; ils ne lui ont jamais manqué ; il n'avait pas de temps à perdre : « J'ai eu la chance de ne pas avoir de loisirs, sourit-il. Cela distrait de l'existence. »

L'argent qui était si utile, alors, à Michel Bouquet ne

servait aucun caprice personnel. Il l'utilisait pour satisfaire les désirs d'une première épouse comédienne sur
laquelle il préfère aujourd'hui rester discret, et pour s'offrir aussi quelques voyages dans les musées du monde
entier. Les toiles des grands maîtres nourriraient forcément par la suite son inspiration d'acteur, par leur profondeur, leur sens de l'humain, leurs fulgurantes et
virtuoses synthèses... L'argent enfin, Michel Bouquet en
réclamait pour se sentir libre de ne plus compter,
comme il avait vu sa mère le faire durant son adolescence dans la France occupée. Pour pouvoir se concen-
trer davantage sur son métier, ne pas connaître l'angoisse
des lendemains, s'aérer, respirer. Mais du coup, les
cachets du TNP ne suffisaient plus, ne suffisaient pas.

Qu'on ne s'avise pas de lui en faire le reproche au
nom de je ne sais quel amour de l'art : « Mes exigences
artistiques ont trouvé aussi leur compte, j'espère, dans
mon travail personnel d'alors ! Ce n'est pas rien de jouer
Anouilh, Pinter ou Weingarten comme je l'ai fait, même
si c'est moins puissant sans doute que Shakespeare ou
Marivaux... Puisqu'on me payait davantage dans ces
rôles, pourquoi donc aurais-je été là où on me payait
moins ? Non, ça n'aurait pas été raisonnable. »

12

LES ANNÉES RADIO

Comment un homme qui ne cesse de dire qu'il n'a rien appris à l'école, qu'il ne comprenait rien, ne retenait rien, parce que rien, jamais, ne l'intéressait, a-t-il pu devenir cet artiste cultivé, érudit souvent, et toujours épris de littérature, de musique, de peinture ? Michel Bouquet explique volontiers qu'il doit tout à la radio ; que sa participation, dès la fin de la guerre, au « Club d'essai de la radiodiffusion française » fondé en 1946 et dirigé par le poète et dramaturge Jean Tardieu a été la meilleure de ses universités.

On n'imagine guère aujourd'hui à quel point ce Club d'essai bouillonnant, inventif, fut, jusqu'à sa disparition en 1960, un vivant foyer de création radiophonique et de rencontres artistiques en tout genre. Il succédait au Studio d'essai créé en 1942 par Pierre Schaeffer sous l'impulsion du gouvernement de Vichy, qui tentait d'y coordonner et d'y orchestrer les ultimes efforts de la Radiodiffusion nationale, depuis que Radio-Paris (officielle radio d'Etat depuis 1933) et les stations privées existantes avaient été confisquées par les occupants allemands dès l'armistice de 1940.

A cette époque, la « TSF » (Téléphonie Sans Fil) fait

largement partie, déjà, de la vie quotidienne des Français qui l'écoutent généralement en famille ou en groupe. Le « poste » trône dans un meuble cossu du salon ou sur la table de la salle à manger. Comment les Allemands n'y verraient-ils pas un moyen de propagande idéal ? En 1939, ne compte-t-on pas 5 millions de postes pour 41 millions d'habitants sur un territoire couvert par un petit réseau de 32 émetteurs dont 20 appartiennent à l'Etat ? Et le phénomène ne fera que s'accélérer puisque, durant la seule année 1948, 2 millions d'appareils seront vendus dans le pays. Bien avant le réfrigérateur, la radio est l'équipement de base de la famille française.

Et le meilleur instrument sans doute pour permettre à cette même famille française traumatisée par la défaite, l'Occupation, les privations, souvent repliée sur elle-même, de s'ouvrir enfin au monde, aux autres, de s'éduquer, de se cultiver. Le Club d'essai en sera un des relais privilégiés. Aussitôt nommé à la tête de ce nouveau service dépendant de la naissante Radiodiffusion française (RDF) d'Etat, Jean Tardieu y appelle à la rescousse écrivains, dramaturges, compositeurs, chefs d'orchestre, musiciens, comédiens. Tous ensemble, ils vont explorer avec enthousiasme le nouvel univers radiophonique, y tenter mille expériences, mille aventures sonores, qu'ils se nomment François Billetdoux, Boris Vian, Roland Dubillard, Marius Constant, Gérard Calvi, Mireille, ou soient encore de jeunes journalistes avides d'inventer d'originales émissions tels Michel Polac, François-Régis Bastide, Pierre Dumayet, Pierre Tchernia, Pierre Desgraupes...

Dans cette effervescente ruche installée au creux d'une

vieille maison du 37 de la rue de l'Université, tout près de Saint-Germain-des-Prés, règne une ambiance conviviale et chaleureuse à l'image du poète qui en est le maître inspiré. Ne définit-il pas bien joliment le rôle de son « club » ? « Il représente dans l'immense herbier radiophonique une espèce hybride. Né pour activer l'éclosion d'un art radiophonique autonome, il a multiplié une floraison en mille directions différentes... Mais ses racines plongent profondément dans le riche terreau de notre patrimoine culturel artistique. »

Histoire d'en mieux faire saisir les couleurs, les saveurs, les infinies et subtiles variétés, les metteurs en onde du Club d'essai font vite appel aux meilleurs jeunes interprètes du moment. Michel Bouquet est du nombre, fort de ses premiers succès publics dans les comédies de Jean Anouilh. « Jean Tardieu nous recevait alors fraternellement dans son bureau, avec sa bille toute ronde, son regard pétillant, sa jeunesse incroyable, se souvient-il encore avec émotion. Avec lui, on pouvait parler de tout. C'était grisant, enthousiasmant. On avait l'impression de sortir du tunnel épouvantable qu'avait été la guerre, avec ces moments terribles de claustration aussi bien intellectuelle que morale... On était content de pouvoir parler à nouveau de l'esprit de la France, heureux de pouvoir évoquer la Résistance et l'héritage qu'elle nous léguait. Car les résistants avaient été les premiers à comprendre sous l'Occupation combien il était indispensable de mobiliser, de convoquer auprès d'eux artistes et scientifiques, pour tenter de réveiller la conscience du pays. Ils pressentaient l'importance vitale de la culture pour combattre l'apathie et la démoralisation nationales, responsables comme l'on sait de toutes les démissions.

« Le Club d'essai s'inscrivait dans la continuité de leur pensée. En outre, ses membres les plus actifs estimaient que combattre l'ignorance était une respectueuse manière d'honorer ceux qui étaient morts pour la France en améliorant la vie des êtres chers qui leur survivaient. En travaillant avec eux, pour eux, on avait le sentiment d'être les artisans d'une nouvelle lumière. Moi, je croyais même tout bonnement assister au retour du printemps ; tout me semblait se remettre à palpiter, à bouger, je voyais les premières pâquerettes arriver. »

Au 37, rue de l'Université, Michel Bouquet découvre les esprits les plus rares, les personnalités les plus originales de l'époque. Jules Supervielle, par exemple, qui dans sa mémoire ressemble à un immense et gentil roi mage, avec un délicieux côté « galette des rois »... Le poète a la soixantaine élégante et distinguée quand le Club d'essai l'invite sur ses ondes pour y faire découvrir ses propres œuvres et celles de ses auteurs préférés. Michel Bouquet et Silvia Monfort en seront plusieurs heures durant les interprètes. « Je me souviens qu'il prenait plus de soin encore à nous faire lire les textes des autres — Agrippa d'Aubigné, Ronsard, les poètes de la Pléiade — que les siens propres. Il s'attachait surtout à nous faire respecter le rythme intérieur du poème ; il disait que c'étaient les sonorités, la matière très concrète des mots qui créaient le véritable sens, bien au-delà du sens littéral...

« A ce moment-là, je ne comprenais pas toujours très bien ce qu'il nous expliquait. N'ayant aucune connaissance, et donc pas la moindre confiance en moi, en mon intuition, je m'accrochais désespérément à la signification des phrases, qu'en plus je saisissais mal la plupart du temps ! Mais je sentais bien que cette expérience-là était unique. Supervielle était une sorte de Don Quichotte ; il paraissait vivre à l'intérieur d'une bulle, attiré toujours par la pureté de l'idéal et la magie de l'invraisemblable. Etait-ce pour nous faire échapper à la pesanteur du monde qu'il cultivait avec tant de tendresse le goût du merveilleux, le besoin d'être émerveillé ? Au sortir de la guerre si aliénante, si humiliante — où on était par exemple obligé de céder sa place assise dans le métro au moindre soldat allemand qui arrivait, ça a l'air d'un détail, mais c'était terrible... —, rencontrer un homme de cette humanité, de cette générosité était comme une réconciliation. »

D'autres écrivains, à qui il prête sa voix au Club d'essai, vont encore fasciner, stimuler, encourager le jeune Bouquet. André Malraux, parmi les premiers, qui, séduit par le timbre du comédien qu'il avait trouvé très curieux, lui demande de lire de nombreux extraits de *La Condition humaine.* Michel Bouquet emporte alors le livre chez lui, et une grande partie de la nuit, d'arrache-pied, travaille : « Il faut avouer qu'à la première lecture je n'avais pas compris une phrase sur dix ! Il m'a donc fallu lire et relire des heures durant le texte à voix haute, jusqu'à ce que j'en saisisse le sens. Et pour cela, j'ai dû étudier la place des phrases, des mots, les uns par rapport aux autres, voir si leur position même éclairait pour moi la signification générale. Avancer dans la lecture, puis revenir en arrière ; ré-avancer, re-revenir en arrière.

Sans fin. Et je me suis renseigné, encore, longuement, sur les événements historiques qui étaient décrits, et que, bien sûr, j'ignorais.

« J'ignorais tout. Mais je ne voulais poser aucune question à Malraux. J'étais trop orgueilleux, je redoutais de révéler mon inculture, de passer pour un imbécile. J'avais honte. Tellement honte. J'ai appris l'humilité face aux grands auteurs, le respect des maîtres. Car tous ceux que j'ai croisés là — Soupault, Aragon, Cendrars, Michaux et tant d'autres — me semblaient des maîtres, ont été mes maîtres, tandis que les hommes de théâtre seront, eux, mes compagnons. Pourquoi ? Mais j'étais sidéré par la puissance de leur univers poétique ou romanesque ! On sortait d'une époque terrible, et dans leur livre se racontaient des événements tout aussi terribles, mais imaginaires... Malraux, quand je l'ai vu, m'a semblé porteur d'une force tellurique, il était si concentré ! Pour pouvoir donner à entendre la puissance de *La Condition humaine* à la radio, je m'en étais si fort imprégné de l'intérieur que j'avais l'impression de m'abandonner entre les mains de Malraux. De lui tenir la main, aussi.

« On n'avait pas l'esprit moqueur à l'époque, ou le sens de la dérision. On regardait les autres avec discrétion, respect, en se tenant à sa place. Qu'ils soient célèbres ou non. On se disait, par exemple en les regardant : " Tiens, mais il n'a pas mis son manteau, il va prendre froid... " qu'ils s'appellent Aragon ou Gide. On était tous des rescapés, après tout. On avait tous vécu et traversé l'horreur.

« Les auteurs que j'interprétais devaient sentir cette

osmose, cette fraternité absolue que j'entretenais en
silence avec eux, même à travers la plus dévote admiration. Ils étaient si fraternels, eux aussi. La Libération a
été un moment exceptionnel où les gens se parlaient
simplement, amicalement. Tout le monde était de plain-
pied. Nous avions tous subi un tel malheur... mais nous
savions aussi, d'expérience, que dans ce malheur-là, il
pouvait se cacher du bonheur, et dans la pire des misères
une envoûtante beauté. Nous n'étions pas dupes.

« L'homme confronté à la tragédie comprend en effet
souvent bien des choses qu'il ne réaliserait pas autrement. Non que j'en aie contre l'homme heureux ! Mais
c'est comme ça... A force d'être dans une sorte de quié-
tude matérielle environnante, notre insatisfaction naturelle nous fait croire qu'on est dans le malheur — un
faux malheur, un malheur de riches, de luxe — et nous
fait chercher des causes et des raisons qui forcément ne
résolvent rien. Ne font qu'accentuer nos frustrations,
nos petits problèmes. Les poètes au moins échappent à
ce genre de comportement ; ils sont si abreuvés de
détresse et de lucidité qu'ils ne se plaignent pas, eux,
mais créent leur propre monde, un monde qui leur ressemble.

« Evidemment, ils sont très libérateurs pour ceux qui
les côtoient. Face à eux, on se dit — comme je me suis
dit moi-même : " On peut donc vivre de ce qu'on imagine, on peut donc donner un sens concret aux couleurs,
au vent, à l'air ! " On devient ainsi tout ensemble objet
de création et créateur... Les poètes m'ont donné un sentiment absolu de plénitude. Alors qu'eux aussi étaient
des gens de condition très précaire, comme moi, avec

des pardessus râpés, comme moi. Ils n'étaient jamais prétentieux, ne se donnaient aucune importance parti- culière. Et pourtant, dès qu'ils parlaient, ils " mira- culaient " l'existence, donnaient l'envie d'être en vie, l'envie de se battre, de se construire. Personne en effet à l'époque n'avait honte d'être en pleine réalisation de soi, en quête de soi. Aujourd'hui, hélas, c'est plutôt un défaut.

« J'ai été étonné, par exemple, lorsque Aragon m'a invité chez lui, un soir où, avec Elsa Triolet, ils rece- vaient des poètes russes, de voir à quel point cet homme-là était une ambiguïté vivante et l'assumait superbement. Il habitait royalement son ambiguïté, il était face à elle d'une sincérité magnifique, il ne jouait pas, il s'exposait avec grandeur. Comment ? J'ai été stu- péfait d'abord de voir à quel point Aragon était beau, élégant, et le savait, et en jouissait. Son charme, son aura échappaient ainsi à toute analyse ; ils étaient si puissants, si évidents, qu'ils dispensaient d'emblée de tout juge- ment. On avait l'impression d'être devant une toile achevée, une œuvre d'art devant laquelle il n'y avait plus rien à redire. Et si je devais même évoquer les peintres que chacun de ces poètes aujourd'hui me suggère, je dirais que Supervielle me rappelle Kandinski, Cendrars Poliakoff, et Aragon Max Ernst...

« Aragon, justement, qui devait avoir à l'époque cin- quante ans, donnait le sentiment d'avoir accompli plei- nement son destin. Et de l'affirmer devant vous sans complexe, quel qu'il ait pu être. Des maîtres tels que lui n'étaient pas influençables, ils prenaient leurs responsa- bilités face à leurs choix et les imposaient. Ces gens-là se préoccupaient d'abord d'être des individus accomplis ; ils se moquaient au fond complètement du monde extérieur, des autres, de leur avis Mais en imposant leur vérité, leur singularité, ils faisaient curieusement beaucoup plus pour leurs semblables que tous ceux qui font aujourd'hui mollement mine de s'en préoccuper. Car ces poètes-là, ces romanciers-là imposaient des modèles forts, donnaient l'exemple : n'étaient-ils pas capables d'aller jusqu'au bout d'eux-mêmes, de s'inventer ? »

De tels êtres, si conscients de leur personne, devaient marquer fortement le jeune comédien qui avait depuis toujours l'intuition qu'il fallait creuser obstinément sa propre route, fût-elle au service de l'auteur, fût-elle dans l'obéissance. Mais une obéissance qui passait d'abord par la connaissance de soi, par l'épreuve de soi. Le face-à-face avec Henri Michaux ou avec Blaise Cendrars allait renforcer encore cette conviction profonde.

« Michaux était une espèce de roi nègre flamand, une espèce de tyran formidable. J'ai fait plusieurs séances d'enregistrement avec lui, et il me faisait reprendre quinze, vingt fois chaque vers, ceux des poèmes de *La nuit remue*, par exemple. Il en a fait un disque, dans lequel il a juxtaposé certaines prises ; je n'aurais pas forcément fait ces choix-là, mais c'étaient les siens, ça lui plaisait... Des gens comme Michaux se fichaient pas mal de ce qu'on pouvait penser d'eux. Ils avaient une volonté extraordinaire, un grand pouvoir sur eux-mêmes, et ils se moquaient du ridicule. C'étaient de grands solitaires. Michaux avait l'air d'une immense montagne isolée. Il semblait proche des éléments, en contact direct avec les éléments. Il percevait des choses que je ne voyais pas, exprimait des sensations dont je n'avais même jamais eu conscience ; sa manière d'évoquer la mort de sa mère, par exemple, " ensuite elle fut prise dans l'opaque ", était magnifique.

« Il m'aura enseigné à sa façon qu'il y a plusieurs degrés de compréhension à l'intérieur même d'un texte, plusieurs niveaux d'évidence qu'on gravit peu à peu, plusieurs étages. Et dans la vie c'est la même chose ; et au théâtre, c'est la même chose. Plus on travaille, plus on joue un rôle, plus la perception qu'on en a évolue, s'approfondit, s'affine. L'art de l'interprète, c'est d'arriver à réfléchir encore et encore pour s'émerveiller encore et encore, même à travers des personnages pas toujours passionnants. Ainsi le Charles VII de *L'Alouette* d'Anouilh que j'ai interprété des centaines de fois pouvait dire bien des futilités, bien des niaiseries, mais il avait en lui un fond d'enfance insondable qu'il était formidable d'explorer.

« Cendrars, quant à lui, semblait toujours content de ce que je lui proposais. Il arrivait au studio le mégot aux lèvres, nous invitait très vite à aller boire un verre chez lui à Montparnasse, où il occupait un atelier avec Raymone, sa femme, une actrice délicieuse. Cendrars, comme les autres — un peu moins Michaux sans doute —, vous donnait l'impression d'être un copain de toujours. Il avait un côté baroudeur, adolescent. On aurait pu croire qu'il avait eu dix-huit ans la veille. Il avait en lui une jeunesse extraordinaire, comme beaucoup, encore une fois, des grands poètes de ce temps-là, malgré la dureté de ce qu'ils avaient pu vivre pendant la guerre. Peut-être parce que c'étaient des êtres qui travaillaient énormément, qui ne se faisaient pas de cadeaux, qui étaient d'une grande exigence vis-à-vis d'eux-mêmes, qui avaient une discipline personnelle énorme, et qui ne s'amusaient pas à jouer un personnage social. Alors forcément, dès qu'ils sortaient de leur tanière, de l'œuvre à faire, ils se sentaient en récréation. La rigueur de leur démarche artistique leur donnait une liberté étonnante.

« Cendrars avait beau avoir soixante ans passés, quand il débarquait à la radio, il aimait blaguer avec nous, rigoler, fumer, boire des coups. Et pourtant, Dieu sait que je me suis échiné sur *La Prose du transsibérien*! C'était difficile, mais il était jovial, on recommençait. Difficile parce que je m'étais mis en tête qu'il fallait que j'adopte dans ma lecture le rythme de ce chemin de fer qui était inscrit dans les mots du poème... C'était une idée évidente, mais encore fallait-il l'appliquer !

« Derrière les textes les plus compliqués, les plus abstraits, il faut trouver l'idée simple qui est à la source ; car il y en a toujours une, dans tous les chefs-d'œuvre. C'est ce que j'essaie modestement de faire, moi que nombre de metteurs en scène accusent pourtant de couper les cheveux en quatre ! Mais je ne suis même pas assez intelligent pour couper les cheveux en quatre ! Je ne suis pas un créateur de forme, j'ai juste des intuitions, je suis même plutôt naïf. »

A force de lire, près de vingt ans durant, les grands auteurs — au Club d'essai et à la RTF dont le directeur des programmes n'était autre que le poète Paul Gilson —, le comédien Michel Bouquet s'est singulièrement éduqué. Il a découvert et travaillé Freud et la psychanalyse,

Dante, Rabelais, Saint Simon, Diderot, Chateaubriand, Rimbaud, Verlaine, Baudelaire, Lewis Carroll, Mistral, Joyce, Proust... Sans compter d'innombrables dramatiques dont l'immense saga des *Thibault* de Roger Martin du Gard qu'il interprétera en feuilleton. « Quand on vit ainsi avec les grands esprits, il y a forcément un peu de poussière d'or qui retombe sur vous. »

Pour chaque écrivain il fallait trouver la voix juste : plutôt ironique pour Saint-Simon, neutre pour Chateaubriand, cynique pour Baudelaire, charnelle pour Verlaine... « C'était une formation unique. Et très libérale : de moi à moi... Il s'agissait avec ma pauvre misère de me hausser jusqu'à ces créateurs magnifiques, jusqu'à ce quelque chose de quasi sacré qu'ils portaient en eux. Je devais me transfigurer pour rejoindre ces êtres aboutis, assumés, partager leur culte de l'individu, aussi. Mais quoi de plus beau qu'un individu tout orienté vers la réalisation de soi, responsable de soi, libre. Pas libre de faire ce qu'il veut, libre de faire ce qu'il doit ; c'est-à-dire obéir le mieux possible à ce qu'il s'est fixé en son âme et conscience. Et sans se plaindre, sans chercher des pansements à la moindre égratignure, comme c'est si fort à la mode à notre époque de " soutien psychologique " généralisé, qu'il soit privé ou public. Ce n'est pas la famille ni la société qui doivent en effet être responsables de l'individu, mais lui seul de lui-même. Comme l'acteur en scène. »

13

CHER PERSONNAGE

S'il est un comédien qui met au-dessus de tout la nécessité, la rigueur du travail, qui sans cesse les magnifie, c'est Michel Bouquet N'avoue-t-il pas remettre chaque matin sur le chantier le personnage à incarner le soir ? Ou s'il ne joue pas au théâtre, lire quotidiennement à voix haute, au moins une heure durant, un texte choisi au hasard de ses nombreuses lectures personnelles, histoire de se mettre en voix, de trouver le rythme intérieur de l'auteur, son souffle. Alors qu'il savait qu'il ne les interpréterait sans doute jamais, il a exploré ainsi pendant de longues années les partitions du *Hamlet* de Shakespeare ou du *Misanthrope* de Molière.

Tel un musicien qui pratique avec obsession ses gammes, ou un danseur qui fait systématiquement sa barre, Michel Bouquet sans fin s'entraîne à son art. Qu'il ait un rôle en vue ou pas. « L'essentiel, c'est d'essayer d'atteindre ce que je voudrais atteindre. Même si je ne sais pas ce que je veux exactement... Alors je poursuis, je poursuis... Je creuse mon sillon, toujours plus profond. Comme un laborieux paysan que je suis. Tenace et prudent. »

Sur près de soixante ans de carrière, les moments de

vacance entre deux rôles auront été rares. De dix-sept à soixante-quinze ans, l'acteur Bouquet aura été constamment demandé, désiré, sur scène ou à l'écran. Car lui-même n'aime guère être à l'initiative d'un projet, comme tant de grands comédiens le sont aujourd'hui, d'Isabelle Huppert à Gérard Depardieu. Il affirme préférer de loin les commandes, les propositions extérieures ; il craint de ne pas savoir choisir seul pour lui-même, d'être subjectif, de faire des pléonasmes, d'opter pour des rôles qui lui ressemblent trop, lui vont trop bien.

Après tout que sait-il vraiment de lui-même, de cet individu Bouquet qui au fond l'intéresse si peu, comme il l'avoue dans un sourire.« Des cinéastes comme Claude Chabrol ou des directeurs de théâtre comme Pierre Franck, ancien patron de l'Atelier, ont parfois pour vous des intuitions plus justes ! Car ce qui est important pour un acteur, c'est ce qu'il ne connaît pas de lui-même. C'est travailler sur ces zones d'ombre. Et les autres les devinent mieux. »

Pas question pour autant d'accepter un beau rôle dans une pièce ou un scénario médiocres. Importent avant tout à Michel Bouquet la valeur de l'œuvre, l'intérêt général de son sujet, sa concordance avec ce qu'on peut vivre aujourd'hui, et son écriture, et sa langue. Après s'être persuadé de ces qualités-là, il s'intéressera au personnage. Et sait qu'il s'en accommodera toujours, si l'œuvre lui paraît capitale. « C'est pour elle que je joue, jamais pour briller, moi. »

Le travail premier concerne toujours le texte et la recherche intransigeante de ce que l'auteur a voulu dire. Dès que le projet est lancé et avant même que les répétitions ne commencent, Michel Bouquet lit intégralement la pièce chaque matin. Et chaque matin elle lui paraît différente. Et chaque matin la lecture du jour s'enrichit de celle de la veille et prépare celle du lendemain, qu'elle la complète ou s'y oppose... Le comédien explique que c'est au bout de deux cents, trois cents lectures au moins qu'il commence à ressentir dans son corps les mille et un aspects du texte, et encore : « On croit connaître un chef-d'œuvre, on ne connaît jamais un chef-d'œuvre. »

Avec le temps, ces différentes lectures-relectures, et les diverses interprétations que journellement elles apportent, finissent par se superposer en lui, presque malgré lui. Par l'imprégner, sans qu'il s'en rende vraiment compte. Il s'en fait alors un véritable trésor de guerre dans lequel il ira piocher au gré du travail à venir ; il tente aussi d'en faire une synthèse, mais beaucoup plus intuitive, instinctive, qu'intellectuelle. L'essentiel, selon Bouquet, est toujours d'associer les idées, les curiosités, les sensations ; de stimuler l'imagination qui reste le vrai et grand pouvoir de l'acteur.

Pour cela rien de mieux, au début, que de se mettre « dans le train de l'auteur » — comme il dit — dans ses mots, dans ses situations. De comprendre, par exemple, pourquoi il a écrit cette pièce-là après et avant telles autres, et pourquoi il lui a donné cette forme, cette structure, cet ordre dans les scènes. Une fois pressentis ces secrets de fabrication, on est entré dans la matière même de l'œuvre. Jusqu'à avoir l'impression d'en être un peu soi-même l'ouvrier. La conquête du personnage peut commencer.

Entendre Michel Bouquet raconter cette patiente

odyssée donne le vertige. Car l'homme parle de la quête du rôle comme de la quête d'un être vivant ; il décrit le personnage comme une mystérieuse et pourtant très présente transcendance qui l'habiterait tout soudain, puis le quitterait, puis reviendrait... jouerait avec lui tel un lutin démoniaque et magnifique. Son labeur acharné se pare alors d'une espèce d'aura magique, fantastique.

« Le personnage ? Pour lui, la bonne volonté, hélas, ne suffit pas. On est obligé d'attendre qu'il daigne dire quelque chose. On lui est soumis. Car il peut être à côté de vous et ne pas vouloir entrer en vous. Il faut l'apprivoiser pour le décider. Comment ? Je cite très souvent cette phrase de Van Gogh qui me bouleverse : " Savoir dessiner, c'est se trouver devant une porte de bronze avec une lime à ongles. " Eh bien, on est dans le même état d'impuissance face au personnage. Reste à le prier, à le supplier. Avec tant d'obstination qu'un jour — et à force peut-être de vous voir si maladroitement vous tromper sur son compte, vous casser le nez sur ses ambiguïtés – il prendra enfin pitié et viendra à votre rencontre, descendra en vous.

« C'est alors pour l'acteur le cadeau suprême, la reconnaissance absolue, la sacralisation du travail. Et on l'a attendu si longtemps, ce personnage, qu'on l'aime immédiatement, forcément, quel qu'il soit.

A quoi on reconnaît sa présence ? A quelque chose d'imperceptible en soi qui a changé. Un regard qui n'est plus tout à fait le vôtre lorsque vous vous observez dans la glace ; une mimique, un geste, l'idée d'un accessoire qui vous tombent du ciel, comme ça, par hasard. Par exemple, la perruque rouge à frange et les grosses taches de rousseur suggérant la vérole dont j'ai eu l'intuition pour le neveu de Rameau, alors que d'emblée je ne les imaginais pas. Ou cette façon qu'avait Rudolph mon personnage d'ex-nazi dans *Avant la retraite* de Thomas Bernhard de s'essuyer les commissures des lèvres après avoir débité des horreurs antisémites, comme s'il en bavait de rage ; ça m'est venu en jouant, ce n'est pas du tout un geste à moi, j'ai même horreur de ce genre d'attitude.

« Enfin, on sent la présence du personnage à cette sensation, soudain, d'être à l'aise dans le jeu, de ne plus se poser de question. Mais attention ! Il faut qu'il reste. Pour cela, l'acteur doit avoir une pensée affectueuse pour lui, plusieurs fois, dans la journée, lui dire qu'il l'aime, qu'il le trouve beau ; comme ceux qui ont la main verte opèrent avec les fleurs. Surtout, l'acteur doit scrupuleusement obéir à tout ce que lui commande son personnage, et sans jamais se piquer de mettre son grain de sel dans ce qu'il lui indique, sinon le personnage pourrait se vexer, partir, l'abandonner.

« Et tant pis si l'interprète ne comprend pas toujours ce que son mentor exige de lui. Qu'il s'y soumette sans y voir clair ! L'intérêt n'est pas de toute façon de donner une fiche signalétique détaillée, ni de brosser un portrait psychologique vraisemblable du personnage. La vie n'est-elle pas infiniment plus énigmatique que tout prétendu réalisme, voire naturalisme ? La psychologie, c'est juste les faciles premières marches de l'escalier pour parvenir au personnage. Trop de vérisme ruinerait même la liberté d'interprétation du public, lui gâterait son plaisir d'imaginer, de rêver. Car s'il vient au théâtre, ce n'est pas seulement pour nous voir jouer, nous autres comédiens, mais pour jouer lui-même, pour éprouver lui-même les situations. Il ne faut pas l'oublier. Le théâtre est le seul lieu au monde où les gens tolèrent des vérités différentes des leurs. Un endroit unique où l'homme vient voir l'homme dans ses paradoxes et son étrangeté.

« C'est pourquoi il faut accepter les zones interdites du personnage. Et il est d'autant plus fascinant à incarner pour le comédien qu'il devient encore plus fou, plus démesuré que ce que son auteur avait imaginé. Comme le neveu de Rameau a pu échapper à Diderot, ou le roi Lear à Shakespeare, ou Argan à Molière...

« Hélas, le personnage ne vient pas toujours. Il n'y a pas toujours cette possession, ce miracle. Restent, certes, la qualité, la profondeur du travail de l'interprète. Mais le spectacle sera moins compréhensible, moins lisible, parce que moins incarné. Il n'y aura pas sur scène un être réellement humain, mystérieusement humain : il y aura un acteur, juste un acteur. Or ce n'est pas lui que vient voir le public ; lui il s'en fiche de l'acteur. Il vient surtout voir son travail, son corps à corps avec le personnage, son combat avec l'ange.

« Voilà pourquoi je suis horrifié s'il reste un peu de Michel Bouquet sur le plateau, pendant la représentation. Si on repère encore sa lèvre mince, sa voix, ou sa manière de se tenir droit. Mais si je parviens à me faire oublier et qu'on ne me voit plus, qu'on ne voit que l'autre, le personnage, alors ça, c'est beau. »

Avec modestie, Michel Bouquet évoque les trop rares moments où le cher personnage est descendu sur lui, où ensemble ils n'ont fait qu'un : dans une dizaine de rôles, confie-t-il, pas davantage. En revanche, il se rappelle avec amertume quelques spectacles où il l'a laissé seul, sans soutien. S'il ne fait que citer le Prospero de *La Tempête* de Shakespeare, à Genève en 1966, il s'attarde davantage sur *Gilles de Rais,* une pièce signée et mise en scène par Roger Planchon en 1976. Il y interprétait le rôle-titre, le preux et valeureux compagnon d'armes avec qui Jeanne d'Arc libéra Orléans, mais qui termina pourtant sa vie de noble et dispendieux chevalier pendu haut et court, en 1440, accusé qu'il était d'hérésie, de sodomie, de meurtres et autres atroces enlèvements de jeunes enfants.

« Il n'est pas venu du tout. Du tout... Il m'a complètement laissé tomber, ne m'a livré aucun secret. Sans doute ce Gilles de Rais-là était-il trop contre ma nature. Pourtant il me fascinait. Mais je n'avais pas eu le temps de le travailler vraiment. Quand Planchon m'a proposé la pièce, j'étais en tournée de *Monsieur Klebs et Rosalie* de René de Obaldia. J'ai commencé à répéter tout de suite après. Mais trois semaines, un mois, ce n'est pas assez. Il me faut beaucoup de préparation pour jouer quelque chose. J'ai été pris par des difficultés de mémorisation, du texte, des places. Et Planchon n'a rien pu y faire. D'ailleurs ce n'est pas son travail, c'est ma cuisine à moi. Et moi, je ne peux pas travailler comme ça. Sinon je ne suis pas honnête vis-à-vis des propositions qui me sont faites. Ce manque de temps est une des raisons qui m'ont fait réduire mes activités au cinéma, où la plupart des affaires se règlent si vite — " Allez, tu viens tourner deux jours ? " Eh bien non, moi, je ne peux pas venir tourner deux jours ! Je dois étudier le personnage longtemps à l'avance, quel qu'il soit. Sinon, il me le fait payer : il m'ignore.

« Avec Gilles de Rais, même en un mois, j'avais pourtant fait d'énormes efforts, ce que j'appelle des efforts de contradictions : passer des nuits blanches à se dire " je balaie tout, j'enlève tout, je recommence de zéro demain ", et puis j'essayais une chose différente le lendemain, et ce n'était pas mieux, et ça ne bougeait pas, et ça ne venait pas... Alors au bout d'un mois je me suis dit : " Il ne veut pas venir, c'est sûr, alors disons au moins le texte, respectons la mise en scène. "

« Mais je n'avais pas la même conception du rôle que Planchon, et cet écart devait probablement me tirailler intérieurement. Lui voyait en Gilles de Rais une conscience moderne, tournée vers Sade, Baudelaire, Bataille, et moi plutôt un homme du passé, avec des sentiments simples, presque naïfs. Gilles de Rais me semblait vivre encore au siècle de Charlemagne et n'avoir aucune idée intellectuelle sur les crimes d'enfants qu'il commettait : sa monstruosité en était plus scandaleuse encore. N'a-t-il pas sangloté lui-même comme un enfant sur le chemin de la potence, et supplié qu'on lui pardonne ses meurtres immondes sous prétexte qu'il était une victime du diable ?

« Enfin, même si je croyais l'avoir mieux compris que Planchon, il n'est pas venu pour autant avec moi jouer pour moi. Parce que je demande toujours aux personnages de jouer pour moi : ils le font tellement mieux. Si on s'imagine en effet que c'est nous, acteurs, qui créons les personnages, on se trompe ! Ou alors dans ce cas-là, on prend de sacrés gadins ! C'est le personnage qui nous crée. On le surveille après, juste un peu pendant la représentation, histoire de ne pas se laisser déborder... »

Faut-il croire que les vrais méchants, les vrais monstres ne se plaisent guère chez Michel Bouquet qui cite encore *Macbeth* comme l'un de ses plus cuisants échecs, aux Bouffes du Nord, en janvier 1980, dans une mise en scène de Jacques Rosner. Dans de sombres costumes aussi pesants que des armures — et évoquant sans finesse ceux des officiers nazis —, l'acteur aux côtés de son épouse Juliette Carré (lady Macbeth) incarnait l'ambitieux général shakespearien à qui trois sorcières avaient prédit qu'un jour il serait roi, précipitant ainsi son destin et ses crimes en série. « Quand j'ai vu les costumes, j'étais effaré. " Jacques, on ne peut pas jouer Macbeth comme ça ! " lui ai-je déclaré. Mais il s'est obstiné. Je n'ai plus osé m'en mêler. Nous en pleurions juste entre nous le soir avec Juliette. Dans la vie, mieux vaut en effet ne pas chercher à éviter aux gens les catastrophes, sinon ils n'en tirent pas la leçon. Nous sommes donc allés tous ensemble à la catastrophe.

« Mais pas seulement à cause des costumes ! J'ai joué Macbeth, certes, mais je l'ai joué mal. Pourtant je l'ai beaucoup travaillé, celui-là. Mais je n'ai pas la fibre tragique qu'exige le personnage. Un vrai personnage de tragédie est monolithique, comme arrêté en lui-même. Il est dans sa vérité et n'en déroge pas ; il est tout entier la proie d'un destin qui vient s'abattre sur lui, qui le dépasse, mais qu'il ne discute jamais. Il est dupe de ce destin, à peine conscient de ce qui lui arrive. Et du coup, il se sent pris au piège. C'est pour ça qu'il devient méchant, terrible, sanguinaire.

« Moi, je ne suis pas assez dupe, je suis trop paysan, trop méfiant, trop comédien. Je devine les menaces de loin, j'anticipe. J'ai trop de ruse, de malice. J'ai eu tort d'accepter ce rôle, j'ai eu l'illusion de pouvoir l'incarner. Mais je ne serai jamais un acteur tragique. Je n'en ai pas la carrure, le physique ; je suis trop neutre, trop banal, et d'un tempérament trop mobile, aussi. Je ne me sens à l'aise que si je peux faire des éclats, des contrastes, être effondré puis danser la gigue tout à coup. Et la tragédie ne supporte pas ces écarts, ce genre d'interprétation. Il faut y être de pierre, ou plutôt de marbre, pour en atteindre la dimension sacrée.

« Or même avec le travail, ce type d'immobilité physique, mentale ne se commande pas. La nature est là, qui a son mot à dire à l'intérieur de soi, qui résiste à tous les efforts. Dans le jeu subsisteront donc forcément des petits détails qui auront échappé et fausseront la vérité. Le personnage, qui a de l'intuition, qui est malin, pressent cet état. Du coup, il ne vient pas. Je le comprends. J'agirais de même.

« Maintenant, je le sais, je l'accepte : lorsqu'on est acteur, il y a des choses qu'on peut faire et des choses qu'on ne peut pas faire. S'acharner au travail ne sert à rien. Et les metteurs en scène aussi doivent le sentir ; ça fait même partie, je ne le répéterai jamais assez, de leur fonction essentielle : bien distribuer leurs spectacles. »

Mais pas plus qu'il ne se sent tragédien, l'acteur ne se reconnaît comique. Juste doué pour un mélange des deux : la comédie dramatique. Par caractère, il se dit peu enclin à l'humour, à la dérision, et davantage à son aise dans le sérieux, la gravité, l'ambiguïté. Par vocation, il s'est toujours forgé aussi, depuis l'âge de dix-sept ans, une lourde responsabilité artistique, une intransigeante morale qui lui interdisaient toute facilité, tout compromis. Etre comédien, c'était pour lui être choisi pour montrer l'homme à l'homme, le personnage au spectateur, dans toute sa vérité : cet étonnant assemblage de contradictions, de paradoxes que l'acteur doué assume naturellement, sans même le savoir.

Une austère, une impitoyable affaire où, croyait-il, il n'y avait pas place pour le comique. « Et puis avouons-le, le grand comique m'a toujours fait peur, il est trop difficile : il exige curieusement un profond sens tragique à l'intérieur de soi, ce même sens tragique que je n'ai pas. Le vrai comique est sérieux, le vrai comique coupe le souffle. Rien de plus compliqué, par exemple, que de faire rire des grands personnages de Molière. J'ai dû y mettre énormément de travail, d'application : jouer l'avare ou le malade imaginaire m'a terrorisé, usé. Et je ne suis pas sûr de les avoir totalement réussis. Je me souviens que je buvais encore pas mal, après la représentation, à cette époque-là — avant de jouer, je ne me le serais pas permis, j'aurais risqué de perdre toute lucidité pendant le jeu mais après, le stress avait été si terrible, l'euphorie d'avoir terminé était si forte.

« Y a-t-il personnages plus difficiles à interpréter qu'Harpagon ou Argan ? Si on essaie de les contourner, de les jouer légers, ils pèsent encore plus lourd. Et faire ressortir toutes les absurdités de leur comportement est épuisant ! Ces absurdités épousent d'ailleurs à merveille, renforcent même, les sauvages pulsions de vie qui les animent. Je me souviens, par exemple, de n'avoir remarqué qu'à la deux centième représentation du *Malade imaginaire* — après des mois de travail pourtant ! — la folie de la dernière réplique d'Argan. Durant toute la pièce, il admire et idéalise les médecins, n'a de foi qu'en la médecine. Pourtant, lorsque sa servante, Toinette, lui propose in extremis de se faire médecin en mettant juste une robe et un bonnet et en baragouinant quelques phrases en latin de cuisine, il accepte d'un simple : " Voyons cela... "

« En deux petits mots, le voilà donc lui-même transformé en un de ces spécialistes dont il vénérait tant la compétence. C'est extravagant ! C'est le tremplin vers la folie que ces deux mots d'une fantastique incongruité. A travers eux, Molière nous fait entrer dans un autre monde... Il n'est d'ailleurs jamais l'homme sage, naturellement équilibré, qu'on voudrait nous faire croire, plutôt un homme qui lutte constamment contre lui-même, contre les autres, contre la société de son temps pour parvenir à ce prétendu équilibre. On s'en rend compte dans chacune de ses comédies où il prend plaisir à exagérer les ridicules des personnages — qu'il interprétait souvent — pour mieux tenter de les exorciser. Et de les assumer. Molière suggère combien il faut se battre pour parvenir à vivre, échapper à l'incohérence de l'être, être " conforme "... Je l'aime davantage pour ce qu'il cache que pour ce qu'il montre. Son œuvre reste infiniment mystérieuse, secrète, démente même sous ses apparences de clarté, de raison et de sagesse. Un abîme à explorer sans fin. D'une redoutable difficulté.

« Juliette, mon épouse et partenaire, m'a beaucoup aidé dans ce répertoire-là. D'abord, elle m'a convaincu que je pouvais être drôle, ce que je ne croyais pas. Elle m'a affirmé ensuite que je pouvais même être séduisant, moi qui me trouvais si rébarbatif, si antipathique... Mais elle m'a expliqué que cela justement pouvait être attirant. Elle m'a apporté une espèce de confiance, de liberté. »

Rit-il lui-même beaucoup ? L'œil ravi, Michel Bouquet cite certaines vieilles chansons de Fernandel ou certaines compositions de Robert Hirsch. C'est peu. Mais on n'en saura pas davantage. Il dit simplement que la grâce d'un acteur, le talent d'un artiste quels qu'ils soient le font sourire de bonheur bien plus que n'importe quelle plaisanterie. Il garde cependant un excellent souvenir de deux personnages comiques, au moins, qui ont daigné avec générosité descendre en lui. Le Pierrot du *Dom Juan* de Molière, *Le Neveu de Rameau* de Diderot.

« Je n'avais pourtant guère envie de jouer ce Pierrot-là en 1953, lors du septième festival d'Avignon. J'étais même étonné que Vilar me le propose. J'avais peur de " patoiser " puisque le texte de Molière est écrit ainsi ; je redoutais que tout ça ait l'air mécanique, voulu... Vilar me demande d'essayer, de répéter deux ou trois jours et m'offre de donner le rôle à un autre comédien si vraiment je ne m'y sens pas bien. J'accepte.

« Et trois jours après, évidemment que je m'y trouvais à merveille ! Vilar avait même eu une formidable intuition : il avait senti que j'avais, comme Pierrot, une naïveté mêlée de roublardise, que j'étais comme lui un paysan madré. Alors le personnage, pour une fois, est venu vite ; en trois, quatre jours seulement ; une sorte de miracle ! Le même miracle qu'il y a dans l'écriture de

Molière. Pierrot apporte à la pièce de la magie ; il est le représentant de tous les gens qui peinent, qui travaillent manuellement, qui connaissent la sueur ; il apparaît à peine dix minutes durant, et tout est dit, et c'est drôle et bouleversant, d'une vérité extraordinaire. Mais je n'ai joué le rôle que peu de fois à Avignon ; lors de la reprise au Théâtre National de Chaillot, j'étais embarqué dans mes " anouilheries ", comme disait Vilar, et je n'ai pu l'interpréter à nouveau. Il m'a marqué pourtant au point que j'ai voulu reprendre sa coiffure — cette frange rousse qui lui donnait un si curieux côté enfantin — pour interpréter *Le Neveu de Rameau* de Diderot. »

On y arrive donc à ce personnage éblouissant d'inventions, de facéties, de drôleries, que Bouquet servit si longtemps, si parfaitement. Il était descendu sur le comédien, lui aussi... En 1979, quand Georges Herbert lui propose de l'interpréter en tournée (il le jouera en 1981 pour la télévision, sous la direction de Claude Santelli, puis le reprendra encore au Théâtre de l'Atelier en 1983), Michel Bouquet hésite avant d'accepter. Sur scène, il a admiré deux fois Pierre Fresnay dans le rôle, et imagine mal ce qu'il peut y offrir de plus.

Mais peu à peu il réalise que Fresnay s'est surtout passionné pour l'aspect « dialogue philosophique » du texte, alors que lui reste persuadé que *Le Neveu de Rameau* est avant tout une authentique et brillante pièce de théâtre, bien meilleure que les mélodrames moralisateurs de l'auteur, parce qu'elle oppose avec verve et vivacité deux manières radicalement différentes de penser et de vivre. Dans cet échange fulgurant entre le philosophe Diderot soi-même, et le marginal et asocial neveu du compositeur à succès Jean-Philippe Rameau, les répliques les plus spirituelles ne viennent d'ailleurs pas de qui l'on pourrait croire... Le clochard magnifique se révèle ici esprit plus libre, plus acéré, que le bourgeois et convenu encyclopédiste des Lumières, auteur du célèbre *Paradoxe du comédien*. On sait heureusement que s'il ne se donne pas le beau rôle dans ce pétillant face-à-face, dans bien d'autres œuvres, Diderot saura se montrer plus insolent et plus original.

« Au début du travail, je gardais quand même vaguement en tête l'idée d'un neveu raisonneur et sérieux qui veut rivaliser d'intelligence avec son partenaire. Tel un joueur d'échecs. Mais très vite le personnage est venu me parler et me suggérer le contraire. Il n'était pas amer de son existence, pas jaloux du succès de son oncle musicien, pas douloureux comme l'indiquait Fresnay (par ailleurs magnifique) ; mais ravi d'être un raté, un marginal, jouissant avec bonheur de sa situation hors norme et de l'indépendance qu'elle lui donnait. De son ratage, il faisait un art de vivre, et c'est ce qui troublait si fort son interlocuteur Diderot. En référence à sa réjouissante bonne humeur, j'ai donc souhaité l'habiller de rose ; ça ne lui a pas déplu. »

Histoire de le remercier, le neveu de Rameau a doté son intercesseur d'une jubilante panoplie de mimiques clownesques et autres attitudes-farces qu'on ne lui soupçonnait pas. Sur le plateau, un Michel Bouquet inattendu se donnait à voir, taquin, hâbleur, aigu, goguenard, tel un effronté diablotin soudain sorti de ses gonds, de son noble et rigoureux carcan d'interprète-moine, de serviteur obéissant et docile des grands textes.

Mais où est donc l'homme véritable, où se cache le citoyen Bouquet ? Nulle part, à l'en croire, et partout à la fois. Dans le vide, dans le rien. « Dans *Le Paradoxe du comédien*, Diderot affirme presque avec mépris que l'acteur pourrait n'être rien à force de prêter sa vie à tant de fictions. Mais c'est magnifique de n'être rien, de passer son existence à la donner à d'autres, au point de perdre sa propre identité, au point de ne pouvoir plus être autre chose qu'un comédien...

« L'acteur est en fait un être totalement ordinaire, banal, dont l'unique tâche est de faire résonner en lui et pour les autres les réalités et les fantasmes, les rêves et les cauchemars qui habitent toute la communauté des hommes. Pour être ce résonateur, il doit se nier en tant qu'individualité singulière. S'il n'était pas comme les autres, comment les autres s'intéresseraient-ils à lui ? Un acteur, c'est l'humain en général, l'homme sans qualité. Même si sa vie est constamment perturbée par ce personnage qu'il s'acharne à faire advenir en lui, et qu'il doit sans cesse examiner, observer. Tout en faisant attention à ne jamais se perdre pourtant dans ces histoires auxquelles il doit donner chair. Car si l'acteur ne semble pas " normal " au public, s'il ne partage pas avec lui un fonds commun d'humanité, comment celui-ci se retrouvera-t-il en lui ?

« Etrange alchimie qui mêle le singulier au banal, l'extraordinaire au partagé. L'acteur ne peut tenir l'équilibre que s'il revient sans cesse à ce qu'il y a de plus simple, de plus raisonnable dans sa vie. Et c'est là le plus grand défi : pour vivre au mieux avec le personnage, le faire exister le plus fortement dans la représentation, il faut aussi ne pas se laisser envahir tout à fait par lui. Etre tout à la fois dans l'instabilité et la normalité. Concilier en somme l'inconciliable. L'acteur véritable est à la fois l'instrument de son personnage et son maître. C'est le fameux paradoxe du comédien selon Diderot... Le personnage est en soi, mais c'est soi-même qui le fait agir. L'homme-acteur reste présent, vigilant ; s'il laisse une partie de son corps à la merci du personnage, il doit toujours observer le résultat, en apprécier l'efficacité et corriger si besoin au vu des réactions du public.

« Qu'on se souvienne bien que le public n'est jamais ému par un acteur ému. Au contraire, ça lui inspire du dégoût. Au théâtre, c'est le " fait " qui émeut, la situation, jamais les sentiments plus ou moins bien éprouvés par l'interprète. Une femme qui a des malheurs ne bouleversera en scène que si on comprend ce qui a provoqué son chagrin, la réalité de son tourment : l'origine et non les conséquences... Alors seulement on trouvera légitime ou non sa réaction, on s'y identifiera. Mais jamais à une sentimentalité diffuse et inexpliquée. Dans *L'Anniversaire*, Pinter faisait justement affirmer à un de ses personnages : " Vrai, vrai, c'est plus que vrai, c'est un fait. "

« A nous autres interprètes de faire exister par le jeu ce qui s'est passé, ce qui a entraîné le drame, même si ce n'est pas dit, pas écrit, même si on ne l'a pas vu. La situation au théâtre est plus forte que le sens apparent des répliques, les sentiments qu'elles supposent. Un personnage d'ailleurs ne peut-il pas mentir ? Et attention à l'émotivité ! Le pire ennemi de l'acteur, on le sait, c'est toujours l'acteur lui-même, s'il veut être trop présent, trop interpréter. Il y a des moments où il ne faut pas jouer, pas " faire ", juste ressentir, rendre compte, s'effacer.

« D'autant que le plaisir du spectateur est quelque chose d'assez ambigu, d'assez étrange : il vient voir un drame, une tragédie qui arrivent à un personnage en scène, et en même temps il sait que c'est un acteur qui joue, que son malheur, donc, n'est pas vrai. D'où son soulagement, mais un soulagement général, un contentement général, bien au-delà de la représentation. Le vrai, l'assidu spectateur de théâtre se dit en effet · c'est comme si ça arrivait au personnage, mais en fait ça ne lui arrive pas. Peut-être que dans ma vie, c'est pareil. Ce qui m'arrive ne m'arrive pas vraiment. Je n'ai pas à en souffrir. Tout est fiction. »

Fiction-réalité, vérité-mensonge, présence-absence, banalité-singularité, équilibre-déséquilibre, normalité-instabilité, obéissance-désobéissance... Par vocation, par nature, le comédien se trouve condamné à charrier les contraires, à porter en lui les contraires, à se vivre double ou triple... ou pire. On conçoit que l'état de jeu, si excitant soit-il, n'est pas aisé à vivre. Et l'on comprend mieux Michel Bouquet quand il avoue son soulagement de quitter un rôle ; de détruire même avec plaisir le cher personnage avec qui il a pourtant vécu de longs mois. « C'est un décrassage nécessaire, indispensable, qui permet de se refaire une virginité mentale. Eliminer radicalement de soi le personnage est aussi important que de l'y faire venir... Mais je dois reconnaître quand même que j'éprouve une joie singulière, presque cruelle, il est vrai, à cette démolition, à ce sabotage. Une semaine avant la fin des représentations, je commence à me dire : " Ah, il n'y en a plus que 7 ! " Puis : " Ah, il n'y en a plus que 6 ! " Et : " Ah, il n'y en a plus que 5 ! " Et : " Ah, il n'y en a plus que 4 ! " Et 3 et 2 ! Et hop ! Ça y est, c'est fini ! Huit bons petits jours à retrouver pour soi avant de travailler autre chose !

« En fait, je n'ai pas vraiment aimé le personnage à interpréter. J'ai surtout aimé qu'il m'aime, qu'il me dévoile des secrets que j'ignore avec ma nature d'homme trop bornée ; des choses bizarres, insoupçonnées, des choses qui me fassent accéder au grand mystère de l'être. Plus je reçois du personnage des indications de comportement qui me sont absolument étrangères, plus j'en suis heureux, et plus je le flatte pour qu'il m'en confie davantage encore... Mais du jour où les représentations s'arrêtent, quelle libération, quelle délivrance ! Et je ne regrette jamais rien, et je n'y pense plus. C'est fini. Radicalement fini.

« Même si j'éprouve très vite une grande difficulté à redevenir moi-même, à m'occuper de moi. Je n'en ai pas l'habitude. Je ne me trouve pas intéressant. Mais terne, mais banal, mais plat. Les rôles me donnent de l'épaisseur ; sans eux, je n'ai aucune imagination. Je n'existe vraiment qu'à travers eux. Ma femme Juliette le dit aussi... Alors forcément devoir me satisfaire de moi est quelque chose qui m'a toujours été difficile, pénible. J'ai du mal à n'être qu'avec moi. »

14

JULIETTE PAR MICHEL

Depuis trente-cinq ans, la comédienne Juliette Carré est la femme que Michel Bouquet s'est choisie. Sa seconde épouse. Dont il parle toujours avec un infini respect et une touchante admiration. Avec une sorte de crainte, aussi. Car de Lady Macbeth à Toinette (*Le Malade imaginaire*), de Frosine (*L'Avare*) à la vieille reine du *Roi se meurt*, d'Alice, l'épouse de *La Danse de mort*, à Vera, la sœur incestueuse d'*Avant la retraite*, Juliette est le plus souvent possible sa très exigeante et redoutable partenaire. Il le souhaite pourtant, et quand elle ne l'est pas, il avoue qu'elle lui manque. Comment cet artiste épris de rigueur ne désirerait-il pas en effet avoir à ses côtés une actrice de la même trempe que lui, aussi lucide, aussi intransigeante sur son art, et qui de rôle en rôle, confie-t-il, n'a jamais cessé de le faire avancer. Parce qu'elle le connaît à merveille, sait jusqu'où il peut aller, et ne lui fait aucun cadeau s'il n'y parvient pas.

« Pour moi c'est une véritable preuve d'amour et j'y attache plus de prix qu'à la plupart des compliments qu'on peut me faire et qui ne me sont d'aucune utilité. Notre métier est si difficile, si fragile, à quoi sert en plus de se mentir ? Les acteurs seraient sûrement meilleurs s'ils osaient les uns avec les autres être vrais jusqu'à la cruauté. Je suis pour une saine pratique de la cruauté. Le théâtre n'est-il pas le lieu où l'on peut tout étaler au grand jour, surtout ce qui fait mal, et qu'on n'ose exprimer ailleurs ? Dans les églises, on s'apitoie, on pleure ; sur scène, on peut explorer les turpitudes de l'âme et les conséquences qu'elles entraînent sans chercher à rien moraliser. C'est une merveilleuse et terrible école de vérité, comme le revendiquait Artaud.

« Pendant le temps des répétitions, Juliette m'observe donc avec acuité. J'en ai besoin. Les répétitions sont un moment douloureux : les comédiens y sont trop dans l'entre-deux. Entre ce qu'ils pensent, ce qu'ils voudraient réaliser et ce qu'ils parviennent encore maladroitement à faire. Car on se sert parfois malgré soi d'un personnage qu'on a déjà joué pour le mettre dans le personnage qu'on va bientôt interpréter... Or il faut faire abstraction de tout, balayer tout. On n'y arrive pas tout de suite, pas toujours. C'est humiliant. Ce métier est d'ailleurs constamment humiliant, qui met le comédien face à ses impuissances, face à des désirs d'interprète qu'il ne réussit pas toujours à exécuter. Il faut un grand courage, alors, pour retourner jouer chaque soir quand on sait qu'on n'est pas très bon ; quand les critiques mêmes l'ont écrit.

« Juliette, heureusement, quand j'ai la chance qu'elle joue avec moi, me renseigne dès les répétitions sur l'évolution de notre travail. Nous en discutons. Je travaille plutôt seul, c'est vrai, dans mon coin ; et Juliette aussi. On se mêle en fait rarement du travail de l'autre. Je ne me le permettrais pas par rapport à Juliette, mais elle me tient plus serré... Et les répétitions au moins mettent au jour, rendent visible l'avancée de notre recherche. Il faut reconnaître qu'après nos conversations la répétition suivante est meilleure. Et ainsi de suite jusqu'à la création.

« Je dois me tenir en très bonne santé pendant ces moments-là, car il faut que je sois attentif à toutes les indications que le personnage pourrait venir me donner, par des choses que je n'attends pas, et que peut-être même je ne comprends pas. Au risque de me priver de sommeil pour être constamment sur le qui-vive, conscient de tout ce qui m'arrive. C'est une période de gestation, comme pour les femmes enceintes ; et elle doit être surveillée seconde après seconde, sinon on peut, par mégarde, perdre des informations sur l'enfant — le personnage — qu'on n'aura plus jamais. Après, lorsque je possède enfin de solides renseignements, je me laisse aller à plus de tranquillité, je m'autorise à dormir, à vivre une existence plus normale. Quitte à faire juste le point une heure par jour avec le personnage pour voir ensemble où on en est.

« Je ne suis pas facile durant ces périodes. Longtemps j'allais les vivre seul dans un petit appartement de garçon que j'avais gardé. Mais Juliette est d'une admirable patience. Elle me supporte. Elle sait que j'ai besoin de travailler seul. Parce que même si on joue à deux, on joue quand même avec soi. On est quand même toujours et d'abord avec soi. Les répétitions ne servent qu'à accorder les violons, le dire des uns avec le dire des autres, et encore pas trop ! Sinon il n'y a plus de surprise pendant la représentation. Or le théâtre c'est aussi l'art toujours recommencé de la surprise.

« Le soir de la première, après tout ce labeur, on se dit régulièrement Juliette et moi : " C'est comme ça. C'est bien quand même. Ne nous torturons plus trop. " Mais au fur et à mesure des représentations, on cherche encore à avancer petit à petit, très doucement, vers quelque chose de mieux. Avec des étapes, cette fois, très différentes. Il y a ainsi des phases où l'on est trop conscient de ce qu'on fait de bien ; et puis ça devient moins bien, parce que le talent, c'est comme le beurre, ça rancit vite... Alors il faut remettre sur le métier le travail ; et on s'améliore un petit peu plus, puis un petit peu plus, puis un petit peu plus... J'aime travailler avec Juliette parce qu'être ensemble et raisonner ensemble sur les perfectionnements possibles m'apaise, me soulage. Lorsqu'on a vu où était le défaut, si elle l'a vu en moi, ou moi en elle, on s'en débarrasse d'un commun accord. Et plus on pratique ce jeu de la vérité, plus on a de ressources pour mieux faire.

« Ce n'est pas toujours agréable. Il faut tenir le choc devant certaines critiques, qu'on sait légitimes. Et donc d'autant plus dures à accepter. Mais le fait qu'elles viennent de quelqu'un que l'on aime, qui vous aime, facilite les choses... Ainsi quand nous rentrons du théâtre, chaque soir, à pied si c'est à l'Atelier puisque nous habitons le 18e ou en voiture si c'est ailleurs, Juliette ne m'épargne guère. Notez que c'est elle qui conduit, bien sûr ; moi j'en suis incapable. Je ne suis pas du tout mécanique, pratique. Après deux mois de cours que m'avait fait prendre Claude Chabrol pour le tournage de *La Femme infidèle*, j'ai encore failli écraser Claude Zidi, à l'époque cameraman ! Je devais arriver à côté du drugstore Publicis, face à sa caméra ; il attendait que je freine, moi-même je me disais consciencieusement : " Michel, tu devrais mettre ton pied sur le frein ! " Impossible, le pied refusait d'y aller ! Je n'ai pas les réflexes pour ça, c'est comme ça. Alors j'ai préféré arrêter la conduite, j'aurais fini par tuer quelqu'un...

« Juliette, j'y reviens, me met toujours crûment les points sur les " i ". Les soirs où je crois avoir bien joué, où je fais le faraud dans l'auto, après la représentation, elle peut tout à trac m'assener : " Oh, ce soir quel cauchemar ! " Du tac au tac, je réplique : " Comment ce soir, Juliette, mais c'était magnifique ! " Et elle m'explique que non, pas du tout, et elle me convainc. Et inversement. Quand je m'imagine avoir peiné, avoir été en détresse tout le temps du spectacle, elle peut affirmer que je me trompe, que j'ai été bouleversant.

« Je suis heureux de la croire. Car je la crois toujours, je lui fais une confiance aveugle. Nous partageons la même morale, la même soumission au rôle, au théâtre. Entre nous, il y a une sorte de reconnaissance d'être à être. Et on se reconnaît tout le temps, on pourrait être séparés qu'on se reconnaîtrait quand même. On forme un seul être à nous deux.

« D'ailleurs, la première fois que je l'ai aperçue, à Nancy, alors qu'elle entrait en coup de vent dans la porte à tambour de mon hôtel, je me suis dit : " Tiens, voilà ma femme ! " Pourquoi ? Je ne sais pas. J'étais venu enregistrer des émissions de radio, j'étais en train de blaguer au bar avec des copains. Je ne l'avais jamais vue... Peu après, elle est venue me dire qu'elle m'avait apprécié dans *La Collection* de Pinter que je jouais à ce moment-là. Et nous ne nous sommes plus quittés. Car nous sommes l'un à l'autre indispensables. Dans la vie, comme au théâtre, que nous aimons tous deux par-dessus tout. Nous avons notre vie familiale, certes, avec nos deux enfants — ceux de Juliette que j'ai élevés tout petits et que je considère comme les miens —, et nous avons en parallèle notre chemin de théâtre. Pour nous deux.

« Juliette est pour moi un juge hors pair, elle a quelques formules imparables du genre : " Le trop est l'ennemi du bien ", " Dépasser le but n'est pas l'at-teindre ". Parce que moi, évidemment, j'ai tendance à foncer avec le personnage ; à m'enivrer parfois aussi de ma virtuosité. C'est vrai que j'ai acquis une technique qui me permet de tout faire — changer les rythmes, badiner même avec le rythme, modifier le phrasé —, et pour l'interprète, il faut reconnaître que c'est une grise-rie extraordinaire de jouer ainsi avec toute la palette de ses moyens.

« Mais c'est un peu facile, et on voit alors bien plus l'acteur Bouquet que son personnage. Du coup, Juliette, qui me surveille, me met sérieusement en garde, et je me soumets, je finis par me dire : " Bon, ça y est, je pensais que j'allais plus loin, mais il faut que je revienne, que je revienne à des bases plus simples, moins emportées, moins dynamiques. Oui, c'est nécessaire. "

« Juliette, je le redis, m'a aussi fait comprendre que je pouvais être comique. Ou encore séduisant ; ce que je ne soupçonnais pas, moi qui me suis toujours trouvé si rébarbatif, si austère, et qui en étais fier, qui ne voulais faire aucune concession.

« Avant de la rencontrer, je me laissais à l'abandon : j'avais des trous à mes chaussures, je cultivais, non sans une certaine élégance, le genre dostoïevskien. Je méprisais ouvertement tout ce qui est de l'ordre matériel. Je vivais dans un véritable capharnaüm dans le 15e arrondissement, que j'ai d'ailleurs gardé longtemps parce qu'il était mon antre de vieux garçon, un endroit où j'aimais à travailler au calme. Pourtant je ne manquais pas d'argent, je faisais beaucoup de radio, du théâtre, du cinéma... Mais je me suis toujours considéré comme quelqu'un d'à part, en dehors du monde. Juliette m'a, comme elle a pu, ramené dans le monde.

« Dans le travail, je reste cependant volontiers solitaire. C'est un de mes défauts de ne pas travailler assez avec mes partenaires. Peut-être à cause de la peur, du trac. Forcément, pour y résister, on se concentre sur soi, on s'isole dans le jeu, sans tenir compte de l'autre. C'est humain, c'est une réaction de défense, on se protège comme on peut. Sur scène, on est pris dans de telles tourmentes ! La hantise du trou de mémoire, aussi. Savoir que je peux m'appuyer sur Juliette pendant la représentation est évidemment d'un grand soutien.

« C'est si rare un partenaire généreux, honnête, calme, fraternel, qui respecte ce qui a été établi pendant le travail, qui colle à la partition et ne cherche pas tout à coup à faire autre chose pour déstabiliser ses camarades et tirer la couverture à lui. Philippe Noiret avec qui j'ai joué *Les Côtelettes* de Bertrand Blier est de cette race et m'a laissé un magnifique souvenir. Mais ils ne sont pas nombreux à lui ressembler.

« Comment alors ne pas se replier sur soi ? Juliette

m'aide à faire l'inverse. Je ne suis pas sûr de lui être d'un pareil secours dans son propre travail. Je suis moins aimant qu'elle par rapport à ça. Je ne la soutiens pas beaucoup. Je m'en fais souvent le reproche. Mais je sais aussi que c'est un tempérament extrêmement authentique, extrêmement courageux, avec une lucidité implacable sur elle-même. Elle est plus forte que moi, elle a moins besoin de moi que moi d'elle.

« Et je n'ignore pas qu'être la femme de Michel Bouquet a injustement nui à sa carrière. On croit toujours qu'elle joue grâce à moi, parce que je l'impose. Sa réputation d'interprète en a pâti, alors que c'est une grande artiste. »

15

MICHEL PAR JULIETTE

« Lorsque j'ai vu Michel pour la première fois, je travaillais à Strasbourg, chez Hubert Gignoux, au Centre dramatique de l'Est. Nous étions ce jour-là en tournée à Nancy avec une pièce adaptée d'un scénario de Zavatini. C'étaient les vacances de Pâques. J'étais montée à Paris peu avant et j'avais admiré Michel dans *La Collection* de Pinter. Je venais justement d'en parler à mes partenaires lorsque, tout à coup, je l'aperçois dans le hall de l'hôtel. " Mais qu'est-ce qu'il fait là ? " ai-je aussitôt pensé. Je suis allée lui dire très simplement à quel point j'avais aimé son interprétation dans Pinter... Quelques mois plus tard, à Paris cette fois, je le croise à nouveau dans la rue. Je jouais alors à l'Athénée, et lui aux Mathurins, *Témoignage irrecevable* d'Osborne. Il m'invite à aller le retrouver après le spectacle, dans sa loge. Puis nous partons souper. De ce jour d'octobre 1966, nous ne nous sommes plus quittés. »

C'est en Bourgogne, en 1933, que naît Juliette Carré. Son père, un médecin socialiste aisé et cultivé, meurt cette année-là. Il avait plutôt l'âge d'être son grand-père, dit-elle. Il avait rencontré sa mère infirmière sur le front de la guerre 14-18. Elle était de vingt et un ans sa cadette. Et donnera six filles à ce vieux mari qui ne rêvait que d'un fils. Juliette ne va pas à l'école. C'est la guerre. Son éducation scolaire est laissée à l'abandon. Elle dévore juste les classiques de la bibliothèque familiale — Corneille, Racine — et rêve toute petite déjà de devenir comédienne, puisqu'elle voit ses grandes sœurs s'amuser sans cesse à faire du théâtre. Histoire de faire rire sa mère, elle s'est aussi entraînée avec passion au contorsionnisme, et réussit avec énergie les figures les plus compliquées.

Après-guerre, Juliette et sa mère viennent s'installer à Paris pour trouver du travail. Les aînées sont casées. Exit la Bourgogne. Les deux femmes se retrouvent à l'hôtel, puis, avec l'aide de l'ordre des médecins, dans des chambres de bonne. Comme sa mère, Juliette garde des enfants, mais suit en même temps des cours de théâtre à la mairie du 10e arrondissement. Elle qui n'a pas fait d'études, qui se sent en friche, y découvre avec magie les grands auteurs, s'émerveille de ce qu'ils expriment des sentiments, des idées, que la plupart n'arrivent pas à formuler. Michel Bouquet, au même âge, avait eu pareille révélation grâce à la scène. Moins austère, plus volage pourtant que son futur époux, Juliette se marie à vingt ans avec un jeune camarade de cours. Pour avoir le droit de partir en vacances avec lui.

Après un passage au cours Simon, elle joue les suivantes de tragédie dans les matinées classiques, tout en rêvant de jouer les comiques. Elle travaille avec Jean Dasté à la Comédie de Saint-Etienne, part en tournée en Algérie. Puis renonce au théâtre pour élever ses deux enfants, Frédéric et Sylvie. Quand elle rencontre Michel Bouquet, elle vient de renouer avec le métier.

« Michel ne croyait pas beaucoup à mes dons de comédienne. D'ailleurs, je ne l'ai jamais vu vraiment pousser personne. Même ses élèves du Conservatoire. Il dit juste que si on en a envie, il faut le faire.

« La première fois que j'ai joué avec lui, c'était en 1975 au Théâtre de l'Œuvre, un petit rôle rigolo dans *Monsieur Klebs et Rosalie* de René de Obaldia. J'étais très émue, très impressionnée. Mais il ne m'a jamais rien dit de ma manière de jouer. Rien. Il semblait ne pas s'en préoccuper. C'est vrai qu'il était suffisamment agacé par la mise en scène de Jacques Rosny, par tous ces objets qu'il avait à manipuler dans la pièce. Michel n'est pas très doué pour manipuler les accessoires, il n'est pas assez concret, pas assez pratique. Je l'ai vu jeter ses chaussures à la tête du metteur en scène, tellement ce genre de gestes à accomplir peut le rendre colérique !

« Mais son silence à mon égard m'a tout de même étonnée, peinée. Et puis, comme ça s'est reproduit de rôle en rôle, je me suis habituée. C'est sa manière, après tout, et c'est un tel acteur ! Il m'arrive, parfois, les jours de grande colère de lui reprocher de manquer de générosité, de ne pas regarder assez ses partenaires.

« Il a voulu que je joue Lady Macbeth, je n'ai pas osé lui refuser. Je savais pourtant que ce n'était pas un rôle pour moi. J'y suis allée quand même. Quel massacre ! Déjà rien que ces lourds costumes vaguement nazis nous désespéraient : " C'est pas Shakespeare que vous voulez, c'est la bombe atomique ! " avait dit Michel au metteur en scène Jacques Rosner. Le soir, après les représentations toujours plus désastreuses les unes que les autres, nous pleurions en silence. Comme deux pauvres vieux...

« D'habitude, après le spectacle, on fait ensemble le point sur tout ce qu'on aurait dû faire. Et puis on se couche. Mais on est énervé par la représentation, on n'arrive pas à trouver le sommeil. Or Michel a besoin de beaucoup de sommeil, de dormir " opaque ", comme il dit, c'est-à-dire sans se souvenir de ses rêves. Car il trouve les rêves déformés, trompeurs, trop intellectuels, trop " à décrypter ". Un acteur selon lui doit être rustique, représenter l'humain dans sa vérité simple, même si cet humain-là peut être anormal ou extravagant... Pas besoin de s'emberlificoter, de se perdre dans l'interprétation des rêves. Il préfère les oublier. C'est nécessaire d'ailleurs pour sa mémoire, et bon pour ses nerfs, de tomber ainsi comme une masse. Quand il se lève le matin — ou l'après-midi après une sieste complète dans le noir, en pyjama, rituellement de 14 à 16 heures —, il dit qu'il est davantage maître de lui, qu'il peut davantage compter sur lui.

« C'est un sanguin, un impulsif qui se force au calme, qui tente d'opposer une placidité apparente à ses coups de tonnerre intérieurs. Il est toujours partagé entre la soumission et la révolte. Il peut changer radicalement d'opinion dans l'heure. Mais si on le brusque, il ne fait plus rien. Il s'immobilise. Paralysé. Reste pudique et réservé.

« Pendant les répétitions, je suis souvent inquiète de le voir travailler avec tant d'obstination. Et s'il ne trouve pas son personnage, ça prend des allures de tragédie. Michel passe des nuits entières sans dormir : " Je n'y arrive pas, je n'y arrive pas ", répète-t-il... Lorsque le spectacle a commencé, qu'il ait trouvé au non, il est plus apaisé. Il joue au moins. Il agit

« Mais il faut le ménager. Quand il se prépare à la représentation du soir, quand il arrive dans sa loge vers 19 heures — après avoir relu, redit tout son texte après la sieste —, mieux vaut ne pas rôder autour de lui. Je ne me le permettrais pas. Il travaille alors encore une fois sur la pièce, lit des livres qu'on lui a donnés à lire, puis enfile lentement son costume, qu'il appelle son " point d'ancrage ". Il n'aime pas qu'on fasse nettoyer trop souvent ce costume, il dit que ça l'abîme, que ça le fatigue. Il n'aime pas non plus avoir trop de costumes de rechange ; ils perdraient d'après lui leur unicité, leur magie... Mais il ne les garde jamais pour autant une fois la pièce achevée. Il est même très content de s'en débarrasser et du personnage avec ! Moi aussi ! Au bout d'un moment, on est si épuisé de jouer ! A la fin du *Malade imaginaire*, je me rappelle avoir frôlé la dépression, et Michel, lui, était presque malade ; on sortait de la représentation les costumes trempés ; on était lessivé.

« Lorsque Michel entre en scène, attention de ne pas se trouver malencontreusement sur sa route. Je l'ai vu donner des coups de pied à un meuble mal placé dans *Avant la retraite* ; je crois qu'il serait capable de blesser quiconque le gênerait. Il peut aussi devenir très déstabilisant ; à la générale tenter tout à coup autre chose, chaque soir essayer une humeur différente pour se renouveler...

« Parfois, lorsque je lui donne la réplique, j'ai l'impression qu'il ne me reconnaît pas, sa capacité d'isolement sur lui-même est si totale, si magnifique. Parfois, c'est moi qui, en scène, ne le reconnais pas : il se transcende tellement, sa concentration est si absolue. Il est réellement devenu un autre, il a quitté sa personnalité, il est presque en transe.

« Tellement qu'il peut en oublier son texte : il est si fort dans le moment présent du personnage, sur le fil comme un funambule, il prend alors tant de liberté, tant de risques pour rendre le rôle vivant qu'il peut en perdre le contrôle. Généralement c'est quand il est le plus éblouissant, quand il invente, se lance, que la mémoire menace le plus de faire défaut... Dans la cour d'Honneur du palais des Papes, j'ai vu venir de loin son trou dans Pozzo de *En attendant Godot,* Michel était alors sublime : une telle défaillance ne pouvait que lui arriver !

« Lorsque je suis sa partenaire, bien sûr je peux l'aider à ce moment-là, lui souffler les mots qu'il a perdus en route, ça le sécurise. Mais il n'est pas toujours facile. Je me souviens, par exemple, d'une des premières représentations de *Avant la retraite* en tournée où l'ambiance était surchauffée, où il y avait plein de gosses dans la salle. Pour les tenir, je me suis dit qu'il fallait les faire rire. J'en ai donc rajouté dans la démesure méchante et caricaturale de Vera ; les gamins se sont esclaffés, ça les a calmés, ils ont écouté. Mais à l'entracte, quel savon Michel m'a passé : " Mais qu'est-ce que c'est que ça, tu joues du boulevard maintenant ! Garde ta ligne, retourne dans ta loge ! " Au fur et à mesure des représentations, il s'est quand même aperçu qu'il y avait un certain comique dans la pièce. Seulement le comique, l'humour, d'emblée il n'aime pas trop ça.

« Il a souvent peur de décevoir les autres. Il est timide, au fond. Il redoute de ne pas être à la hauteur de ses personnages. Quoi de plus simple, de plus démuni qu'un acteur ? Alors Michel préfère ne pas se montrer, rester dans l'ombre. D'autant que, dans la vie, il déteste les compromis. Il ne parle qu'à ceux qu'il apprécie.

« Il reste mal à l'aise avec le quotidien. Peu adapté. Pour les tournées, par exemple, il a fallu attendre *L'Avare*, en 1989, pour qu'on lui propose de voyager dans une voiture individuelle, ce que des tas de jeunes acteurs-vedettes exigent très tôt. Mais Michel, lui, n'aurait jamais eu l'idée de demander quoi que ce soit. Nous, on avait l'habitude de s'entasser tous les deux dans le car collectif...

« Peut-être est-ce à cause de ce refus du quotidien, et du confort, des facilités qu'il pourrait parfois lui apporter qu'il réussit des choses merveilleuses en scène ? Michel est si désemparé face au réel : pas bricoleur pour deux sous, quand il y a une panne à la maison, c'est la panique. Il ne sait même pas planter un clou. Il aime juste faire les courses chez les marchands du quartier, sans doute parce qu'il peut observer des comportements intéressants pour son métier. Ce qui le passionne c'est le théâtre, et puis c'est tout.

« Pourtant il est étonnamment passif face à son art. Il pourrait jouer ce qu'il veut, et il ne pense jamais à rien pour son propre compte. Il attend qu'on lui propose. Combien de fois lui ai-je dit : " Il faut y aller, Michel... " Il préfère attendre. C'est son côté modeste et orgueilleux. Il dit n'avoir rien à atteindre, juste à faire ce qui lui est donné.

« Au fond, nous avons ça en commun tous les deux. Je suis assez soumise moi aussi. Mais plutôt par fatalisme : je ne dramatise pas, j'accepte simplement les choses... Michel, lui, est plus foncièrement pessimiste, plus noir. Nous sommes du signe scorpion. Michel, scorpion ascendant scorpion. Il dit toujours qu'il aime savoir de quel signe est l'auteur qu'il travaille.

« Si une chose nous amusait, ce serait peut-être de jouer ensemble deux vampires. »

16

PINTER, BECKETT, IONESCO
ET LES AUTRES...

« Les gens ne savent pas que la vie n'est pas réelle. Pas immédiatement saisissable. Seul le théâtre peut leur montrer les véritables abîmes qui se cachent derrière les choses les plus anodines. Leur faire découvrir que chaque réplique, apparemment banale, est un gouffre sans fond. Le théâtre du Suédois August Strindberg m'avait déjà aiguillé là-dessus ; mais je ne l'ai vraiment compris qu'à travers les pièces de Harold Pinter. »

En 1960, avec *Le Gardien* au Théâtre de Lutèce, Roger Blin ose le premier s'attaquer à cet univers si étrange de Pinter. Cinq ans plus tard, le metteur en scène Claude Régy propose à Michel Bouquet de créer une autre de ses pièces, *La Collection*, au Théâtre Antoine. Il hésite. Il tourne alors à Barcelone *Le tigre se parfume à la dynamite*, un film de Claude Chabrol. Claude Régy part là-bas lui remettre le texte en main propre. Il le lit, sans enthousiasme : « Ça ne me dit pas grand-chose. » Régy insiste : « Relis-le. Tu me diras dans deux, trois jours ce que tu penses vraiment. » Relecture. Et déclic. « Mais c'est magnifique ! Pourquoi est-ce que je n'ai pas trouvé ça bien du premier coup ? » Et le comédien d'appeler aussitôt le metteur en scène : « Je fais ! Je fais ! » Et d'ajouter aujourd'hui : « Depuis je me méfie, je me méfie. Je lis, je relis... »

Etre brutalement confronté à l'écriture trouée, comme en miettes, du radical anglais Harold Pinter après l'artisanat au petit point de Jean Anouilh, après les dialogues philosophico-engagés d'Albert Camus, le grand répertoire épique de Jean Vilar ou les poètes interprétés à la radio, ne pouvait qu'être un choc pour l'acteur avide de sensations, d'émotions fortes. Après *La Collection,* il sera trois fois encore l'interprète du rénovateur du théâtre anglais, celui qui fut l'un des premiers à figurer au théâtre les labyrinthes du langage, ses détours, ses non-dits, ses ruses. Dans *L'Anniversaire,* en 1967, au Théâtre Antoine et toujours dirigé par Claude Régy ; dans *No Man's Land* monté par Roger Planchon en 1979 au TNP de Villeurbanne puis au Théâtre de la Porte-Saint-Martin ; dans *Hot House* enfin, en 1986, au Théâtre de l'Atelier, sous la houlette de Robert Dhéry.

« Pinter ne montre que les faits et ne tire jamais les conséquences des faits qu'il montre. En France, traditionnellement, les dramaturges suggèrent, à travers les répliques, leurs propres sentiments sur la situation écrite. Pas Pinter. Je cite toujours cette fameuse phrase de *L'Anniversaire* où deux voyous s'introduisent mystérieusement dans une pension de famille et affirment à l'homme effrayé que j'interprétais : " Vous êtes Stanley. — Pas du tout, c'est pas moi, répond celui-ci. — Mais si ! rétorque l'autre. — Mais non, c'est pas vrai ! " renchérit l'homme. Et le voyou, interprété alors par Jean-Pierre Marielle, d'asséner cette phrase formidable : " Vrai, vrai. C'est plus que vrai, c'est un fait. " Et pan !

Voilà pour moi le début d'une nouvelle langue théâtrale : le fait n'a pas besoin de commentaire. Il se suffit à lui seul. On n'a même pas le droit de savoir ce qu'en pensent les personnages.

« Ce qui me fascine aussi chez Pinter c'est l'importance des objets, de notre rapport aux objets. Je me souviens d'une de ses indications qui m'a superbement ouvert les yeux lors des répétitions de *La Collection*. Je devais y débarquer au domicile du personnage incarné par Bernard Fresson, comme un mari jaloux qui vient demander des comptes. Il y avait une sonnerie de porte dans la pièce ; dès qu'elle retentissait, Bernard devait ouvrir la porte et moi entrer. Pinter qui nous observait m'a dit en anglais : " Non, Michel, non. Quand il ouvre la porte, n'entrez pas tout de suite. Restez derrière la porte... " Et moi qui ne parle pas un mot d'anglais, j'ai compris sans traduction. J'ai toujours compris, d'ailleurs, le peu de mots que me disait Pinter ; comme s'il y avait une communication étrange entre nous... Revenons à cette entrée : ça n'avait l'air de rien, cette courte attente derrière la porte, mais le fait que mon personnage ne bouge pas face à celui qu'il imaginait son rival, cette réserve, ce calcul changeaient complètement l'idée que je me faisais de lui et m'éclairaient singulièrement.

« Quand il est venu nous voir jouer au Théâtre Antoine, à deux reprises, pour *La Collection* et *L'Anniversaire*, Harold Pinter semblait toujours dire que nous compliquions trop le jeu. Moi, qui ne comprenais pas l'anglais, je me tenais juste à côté de lui, j'étais content. On se saluait, on se regardait. Ce qui n'est pas dit n'est-il pas le plus important ? Il avait l'air d'un jaguar, élastique comme un fauve, avec quelque chose de vif, étonnamment dynamique et sain.

« Face aux trésors d'analyses psychologiques qu'ont accumulés ses devanciers dramaturges, Pinter est radical. Il nous dit : tout est simple, les individus sont mus par un rapport élémentaire : " Tu m'as fait peur ? Je vais te faire peur... Tu veux me faire peur ? Je te fais peur... " Plus le monde semble s'intellectualiser, plus, en fait, il devient débile, suggère Pinter. Ou l'inverse. Parce qu'ils craignent de se découvrir brutes préhistoriques, les hommes " sophistiquent ", raffinent à l'excès leurs relations. Mais ils ont peu changé. Jouer Pinter donne l'impression de remonter les siècles, d'entrer dans un univers archaïque, élémentaire, fondateur.

« Ce théâtre-là exige de l'acteur d'avoir en soi un énorme potentiel d'énigmes, d'opacité, et de jouer pourtant avec une grande part d'évidence, d'instinct, d'animalité. Il demande au spectateur une grande disposition à la simplicité : il lui faut voir la situation telle qu'elle est représentée, sans arrière-pensée. L'ambiguïté, la folie, la violence n'en ressortiront que plus fortement.

« Il s'agit pour moi d'un théâtre de l'après-bombe atomique, d'un théâtre où la fatalité, où la tragédie ne sont plus à attendre, parce qu'elles font partie intégrante désormais du quotidien : elles n'arrivent plus seulement aux " grands ", aux rois ou aux reines, elles arrivent à tout le monde. Elles sont partout. Et on peut encore s'attendre au pire. Avec un humour dévastateur, Pinter nous fait sentir que l'horreur est au cœur de chaque chose. Il suffit d'observer, d'attendre. »

Rarement, Michel Bouquet aura aussi bien manié l'ironie que chez Pinter. Une ironie pleine de menaces, de dangers, une ironie qui conduit du fini à l'infini. Rarement, il aura autant inquiété que dans ces étonnantes partitions de jaloux, de retraité-victime, de vieil alcoolique excentrique qui n'en finit pas de se raconter de vraies ou fausses histoires (*No Man's Land*), d'ancien militaire gamin et tyran (*Hot House*). Dans ces histoires absurdes et dures, où apparemment il se passe si peu de choses, le comédien peut tout imaginer, tout rêver et conduire le spectateur l'air de rien, comme en s'amusant, au doute absolu.

Pinter devait le mener à Beckett. Le dramaturge anglais n'a jamais cessé en effet de clamer son admiration pour son aîné irlandais, de dire qu'il se sentait tout petit devant l'auteur de *En attendant Godot,* qu'il ne lui arrivait pas à la cheville, même s'il s'en était parfois copieusement inspiré. Même thème de l'attente chez les deux hommes de théâtre, même goût des détails concrets, mêmes dialogues d'apparence banale mais qui évoquent bien davantage qu'ils ne disent. Juste un zest de métaphysique en plus chez Beckett, une obsession du vide, du silence, de l'absence qui chantent bizarrement le plein, le verbe, la présence ; une omniprésence de l'anéantissement qui, sans cesse, suggère le recommencement, le ça vit encore...

C'est au festival d'Avignon, en juillet 1978, à travers *En attendant Godot* mis en scène dans la cour d'Honneur du palais des Papes par le Tchèque Otomar Krejča que, pour la première fois, Michel Bouquet s'affronte à Samuel Beckett. Dans le terrible et délirant rôle de

Pozzo, ce maître-tyran pitoyable et scandaleux, figure de l'homme et de son imbécile, de son absurde volonté de puissance ; Pozzo qui tient en laisse Lucky, son esclave, et ne cesse d'assener des propos violents, hallucinants, presque aussi dépourvus de sens que ceux de son souffre-douleur, qui délire avec hystérie sitôt qu'on lui ôte son chapeau.

« Otomar Krejča connaissant mal les acteurs français, c'est Armand Delcampe, patron de l'Atelier théâtral de Louvain-la-Neuve, en Belgique, qui avait fait sa distribution. Nous n'avions qu'un seul mois pour répéter, mais lorsque nous sommes arrivés, le décor au moins était déjà planté. Tout était prêt. " Montez sur le plateau, lisez la pièce, comme ça entre vous... " nous a proposé Krejča. Et il nous a laissés patauger sur le texte sans nous indiquer aucune place, aucun mouvement, pendant quinze jours ! Et il prenait des notes sans arrêt, et il nous lisait tout ce qu'il écrivait : des choses formidables sur les événements contemporains... Mais sur notre travail précis sur *Godot* : rien ! Rien que ces considérations historico-politiques qui donnaient un éclairage plutôt métaphysique à l'œuvre...

« Et nous les acteurs, nous étions de plus en plus affolés de ne toujours pas savoir ce que nous devions faire. On se regardait, apeurés, les uns les autres — Georges Wilson, Rufus, José-Maria Flotats et moi —, on se disait, mais qu'est-ce qui va se passer, on ne peut tout de même pas se présenter au public dans ces conditions-là.

« Voilà bien une ruse de grand metteur en scène ! Krejča nous a travaillés au foie, nous a livrés à notre impuissance. Du coup, nous étions dans un état d'angoisse idéal pour les personnages ; si effrayés que nous ne nous rendions plus compte de grand-chose. Comme les hommes d'*En attendant Godot*. Huit jours avant la première, il a suffi que Krejča nous donne quelques indications : " Pour ces répliques-là, vous descendez tous les deux parallèlement et vous vous arrêtez à telle réplique. Estragon va s'asseoir là, Pozzo ira, lui, s'asseoir là-bas, à ce moment-là. " En deux heures de temps, c'était réglé, et c'était exactement ce qu'il fallait. Il avait su tirer, presque malgré nous, le meilleur de nous. »

Pozzo est l'un de ces rares personnages qui ait accepté d'accompagner Michel Bouquet. Qui ait daigné descendre en lui. Qui, selon l'acteur — et tous ceux qui l'ont admiré dans le rôle —, lui a offert un peu de sa folie. Non sans lui faire payer sa grâce d'un long, d'un interminable trou de mémoire, un sinistre soir de juillet 1978.

« Tout à coup j'ai perdu pied. Je ne savais plus où j'étais. Je suis resté comme ça, immobile. Peut-être une minute et demie, deux minutes. C'est long en scène, deux minutes. Et puis je suis sorti du plateau ; je me suis dit que je n'allais jamais pouvoir continuer. Georges Wilson a dit aux spectateurs que j'avais un malaise. En fait, je n'avais pas de malaise, juste un blanc, juste un trou. Mais c'est impressionnant un blanc, un trou devant 3 300 personnes. Ça fait un drôle d'effet.

« J'ai repris le texte dans les coulisses dans les deux minutes qui ont suivi. J'ai regardé où je m'étais trompé. Le texte de Pozzo est terrible, car celui-ci ne répond jamais aux questions qu'on lui pose ; il parle de choses et d'autres, dans le vide. Son interprète ne peut se raccrocher à rien. En plus, je devais manger dans la scène un morceau de poulet, ça a dû me troubler ces os, ces accessoires à manipuler... Enfin j'ai essayé de comprendre ce qui m'était arrivé, mais je n'ai pas compris. Et c'est ça, justement, pour l'acteur qui est terrifiant.

« Je suis donc retourné sur le plateau. Là, heureusement, le public a été chaleureux. Il m'a applaudi. Ça m'a donné de l'oxygène. J'ai repris la réplique où je l'avais manquée. La deuxième, la troisième, la quatrième réplique m'ont à peu près causé le même genre de trouble. J'ai pu malgré tout les arracher, les unes après les autres. Et c'est reparti Mais quelle soirée ! Quel traumatisme ! Surtout maintenant où il n'y a plus de souffleur, plus personne ; où les comédiens sont complètement dans le vide.

« Pour éviter ce cauchemar, je le dis souvent, reste à redire, redire, redire le texte jusqu'à ce qu'il devienne une sorte de Notre Père et de Je vous salue Marie. Bien sûr, plus on cherche à inventer dans le jeu — même à l'intérieur de balises bien inscrites — plus on cherche à y apporter la vie, cette part de liberté qui échappe presque à l'acteur lui-même, soudain entraîné par le rôle, et plus on prend de risques avec la mémoire. En plein élan, on se dit : " Mais qu'est-ce que je dis après ? " Parce qu'on est soi-même surpris de ce qu'on vient de faire, qu'on n'a encore jamais fait. On est distrait par soi-même en quelque sorte. Alors comment raccrocher les wagons ?

« C'est un art de funambule. Avec les dangers que courent les funambules. Mais le " beau jeu " n'est-il pas celui qui surprend ? Le public sent si l'acteur touille sa sauce habituelle, ou s'il vit de l'intérieur l'histoire qu'il raconte. S'il se dépasse. Comme n'importe quel sportif de haut niveau se bat pour le petit millimètre en plus ou le dixième de seconde en moins, qui font l'exploit. C'est à ce moment-là, pour le public, que la performance devient intéressante. Mais au prix d'un risque, bien entendu. D'un énorme risque. »

Côtoyer les personnages de Beckett en vaut la peine. D'autant que Michel Bouquet les aborde avec sa profonde connaissance du répertoire, de tous ces grands héros de théâtre qui ont laissé leurs traces en lui, presque malgré lui. Lui qui aime tant à se débarrasser des personnages dès que les représentations sont achevées. La densité de son jeu n'en est que plus féroce, elle marque le texte comme à l'acide.

Dix-sept ans après Pozzo dans la cour d'Honneur du palais des Papes, le comédien incarne à la rentrée 1995, au Théâtre de l'Atelier et mis en scène par Armand Delcampe, le despotique et paralytique aveugle de *Fin de partie* : Hamm. Un monstre au bord de la mort, au bord de l'abîme et qui n'en finit pas de ne pas finir et de torturer savamment son monde. Pour lui, Michel Bouquet use des infinies variantes de la cruauté, des mille résonances du silence et de toutes les virtuosités de son inégalable timbre : du grincement à l'aboiement, du rictus à la rage. Bouquet virtuose.

Son interprétation toutefois ne l'a pas lui-même convaincu. À l'en croire, le personnage n'est pas descendu. « Je pense aujourd'hui que je le rejouerais mieux. J'ai trop accentué les références bibliques du texte et les allusions à l'agonie du Christ, je les ai prises, peut-être,

au premier degré. J'ai fait de Hamm un personnage prophétique. Il y avait sûrement davantage de dérision de la
part de Beckett...

« Au cours des représentations, je me suis rendu
compte que je le sacralisais à l'excès, qu'en faire un
homme ordinaire lui aurait donné davantage de vérité.
J'ai tenté de corriger ma trajectoire. Mais on n'a jamais
fini, sans doute, de travailler sur pareils rôles, si
énormes : ne représentent-ils pas la réflexion d'une vie ?
Je n'ai pas vraiment trouvé l'attitude intérieure qui
devait être celle de Beckett au moment où il éprouvait le
besoin d'écrire sa pièce.

« Je savais par son éditeur, Jérôme Lindon, qu'il avait
été heureux d'apprendre que le public avait ri à notre
représentation de *En attendant Godot*, lors de la reprise
au théâtre de l'Atelier. " C'est que c'était bien, alors ! "
lui avait-il dit...

« Quand j'ai joué *Fin de partie*, hélas il était mort
depuis 1989. J'ignore ce qu'il en aurait pensé. Je n'ai
jamais d'ailleurs essayé de le rencontrer. Par hasard je l'ai
croisé un jour boulevard Saint-Germain : il ne tenait
pourtant qu'une baguette de pain à la main, mais j'ai
cru voir débouler Sophocle. J'étais effrayé. Pour rien au
monde, je ne me serais avancé vers lui. Il m'impression-
nait trop. C'est vrai que Beckett a la puissance des tragiques grecs. Pour lui, comme pour eux, c'est le verbe
qui compte ; bien au-delà même du propos. Un verbe
sacré. Mais que Beckett a le génie de forger avec des
phrases banales, sorties de la vie courante, dites par les
gens les plus ordinaires. Et cette langue-là, ces mots-là, à
la place où ils sont, à la fois musicaux et rugueux

comme des pierres, comme une belle architecture de pierre, nous suggèrent miraculeusement tous les grands mystères, la mort, la vie, la cruauté... Plus le texte se développe à l'oreille, plus le monument grandit, plus le mystère grandit.

« Beckett me semble même plus radical encore que les tragiques grecs puisque, chez eux, ce sont les dieux qui frappent les individus, alors que, chez lui, c'est la condition humaine, tout simplement, qui frappe l'homme. Dès qu'il naît. Et sans espérance possible. Les premiers mots de Hamm dans *Fin de partie* reprennent ainsi avec une sorte de noire et extrême cocasserie certains propos d'Œdipe : " Peut-il y avoir misère plus haute que la mienne ? " »

Perpétuelle insatisfaction de l'artiste. Alors qu'il a bouleversé le public et l'a fait rire, sourire de son personnage cannibale, avide et épuisé tout ensemble de vivre — « la fin est dans le commencement et cependant on continue », assène Hamm —, Michel Bouquet reste incertain sur la qualité de son interprétation. Comme s'il lui semblait n'être pas allé au bout du chemin. Comme s'il croyait s'être égaré sur sa route. Parce qu'il était trop périlleux, trop ambitieux d'aborder des questions aussi essentielles, aussi impénétrables que : comment vivre ? qu'est-ce que la filiation ? comment vieillir ? comment mourir ?

Pourtant, ces questions ne lui étaient pas étrangères. Il se les était posées l'année précédente, déjà, en incarnant *Le roi se meurt* d'Eugène Ionesco monté par Georges Werler au Théâtre de l'Atelier. Encore, le Théâtre de l'Atelier... Presque sa maison que ce vieil antre de l'admiré Charles Dullin, alors dirigé par l'ami et complice Pierre Franck ; cette magique salle à l'italienne où les spectateurs ne se sentent jamais trop loin des comédiens et où Michel Bouquet peut se rendre de chez lui à pied.

Un rapport intime et familier avec le lieu ; une relation intime et familière avec ce long lamento sur l'angoisse de finir, sur la révolte, la solitude, l'acceptation face à la mort. Michel Bouquet incarne le roi Béranger Ier avec une rage et un désespoir enfantins, capricieux et bouleversants. Il retrouve ici la résistance hargneuse et drôle d'une sorte de vieux bébé, pas si loin du malade imaginaire de Molière.

« Dès l'âge de quatre ans, Ionesco avait pris conscience de la fatalité de la mort. Il la redoutait depuis ce jour-là ; vivait avec cette terreur depuis ce jour-là. Voilà pourquoi il pouvait en parler avec tant d'innocence et de profondeur à la fois, de répugnance et presque de tendresse. Depuis tout ce temps, il l'avait apprivoisée, elle était sa plus vieille compagne. D'où l'aspect quasi féerique, presque euphorisant, paradoxalement, du *Roi se meurt*.

« Eugène Ionesco, je l'avais rencontré à la fin des années 50, alors que j'avais repris le rôle de Bérenger créé par Jean-Louis Barrault dans *Le Rhinocéros*, cette fable politique dans laquelle il stigmatise jusqu'à l'absurde les idéologies totalitaires, renforcées, nourries par ce terrible instinct qu'ont les hommes de se nier... Je me souviens que nous jouions alors la pièce en tournée. Ionesco, à l'époque, faisait encore scandale ; le public venait voir à quoi ressemblaient ses pièces et très vite quittait la salle. A partir du moment où madame Bœuf

disait, par exemple, en voyant passer un rhinocéros :
" Oh ! Je le reconnais, c'est mon mari ! " c'était l'héca-
tombe !

« Eugène était venu voir le spectacle à Lyon. Crai-
gnant qu'il ait de la peine en constatant la fuite des spectateurs — il était si impressionnant de fragilité et de
tendresse —, je lui avais conseillé de ne pas assister à la
représentation... Il m'avait répondu avec humilité :
" Oui, oui. Oh oui ! Je sais, je sais... Je vais aller à la foire
et on se retrouvera après, on dînera ensemble. " Mais
moi après, j'étais épuisé. J'avais une représentation en
matinée le lendemain, je devais le soir même m'occuper
de ma voix qui était elle aussi fatiguée, il me fallait absolument faire au plus vite des fumigations à l'hôtel. J'ai
décliné l'offre d'Eugène. Il n'a pas osé insister et m'a
juste tendu un petit paquet, une petite boîte bien
emballée avec un ruban. " Ah bien, bien. Tant pis, tant
pis... Mais j'ai un petit cadeau pour vous. "

« Je l'ai remercié et j'ai filé à l'hôtel, je me suis occupé
de ma voix, j'ai fait tout ce que j'avais à faire avant d'essayer de dormir, et puis j'ai repensé au paquet, je l'ai
ouvert. Il était si bien présenté, qu'est-ce que ça pouvait
bien être ? " Qu'est-ce qu'il a bien pu m'offrir ? " me
demandai-je. J'ouvre la jolie petite boîte, curieux.
Dedans, il y avait un zan noir, un de ces rubans de
réglisse enroulé avec un bonbon rouge au milieu, une
petite boule rouge en sucre. Dans une belle boîte...

« C'était tout Ionesco, ça. Fantasque et délicieux. Je
l'aimais pour ce rare don d'enfance : quand un être
humain parvient à rester encore un véritable enfant,
avec ce talent qu'ont les enfants de sentir, de voir le

maximum de choses — une couleur, un parfum, une matière —, de vivre tout comme une gourmandise. D'être sensible à tout. Tout acteur devrait être ainsi. Constamment sensible.

« Quand j'ai mieux connu Eugène, du temps du *Roi se meurt*, une autre histoire encore — tout à fait dans sa veine, pleine de merveilleux, d'humour — nous est arrivée à Juliette et à moi. Car Ionesco se refugiait toujours derrière l'humour pour pouvoir continuer d'exister, en trouver le courage.

« Nous allions donc lui rendre visite dans son appartement du boulevard Montparnasse, pendant les répétitions. Il était déjà très malade, ne pouvait plus bouger tant ses rhumatismes le faisaient souffrir. Il restait dans son fauteuil toute la journée : on l'y mettait le matin, puis on l'enlevait le soir pour le remettre dans son lit et ainsi de suite.

« Il me demandait toujours des nouvelles de notre travail et puis, à brûle-pourpoint et avec inquiétude : " Est-ce que vous trouvez, Michel, que la pièce est encore intéressante ? Est-ce que c'est vraiment une pièce encore intéressante ? " Je répondais qu'elle était magnifique, qu'on était heureux de la jouer, qu'elle nous comblait. " Ah bien, tant mieux, tant mieux, répondait-il. Ça vous intéresse encore, ça vous intéresse encore... Mais qu'est-ce que va devenir mon théâtre après ma mort, Michel ? Est-ce qu'il n'est déjà pas trop démodé aujourd'hui ? Qu'est-ce que va devenir mon théâtre ? " Je lui répliquai que c'était une œuvre splendide, que *La Soif et la faim* était un chef-d'œuvre, sans parler du *Roi se meurt*..

" Ah bien, tant mieux, tant mieux. " Quelle leçon de modestie...

« Mais le plus émouvant, c'est cette réaction à propos d'une confidence que je lui avais faite sur ma vieille maman, alors toujours vivante, mais à l'hôpital, et âgée de quatre-vingt-seize ans ; elle a disparu en janvier 2001, à cent un ans... Eugène était tout à fait requinqué par l'idée qu'elle vive à pareil âge, quand lui, après tout, n'avait encore que quatre-vingt-cinq ans. " Comment ! Elle a quatre-vingt-seize ans ! " Chaque fois que j'allais le voir — et dès que je m'en allais, il me demandait de revenir : " Oh, venez me voir, venez me voir ! " — il s'informait de sa santé — " Eh, alors, votre maman ? " Je sentais combien ça l'apaisait que je lui dise qu'elle vivait, je sentais combien il était soulagé qu'un homme de mon âge ait encore sa mère, combien ça lui donnait d'espoir.

« Et puis Juliette et moi sommes partis en tournée avec *Le roi se meurt* ; et Eugène est mort. Nous en avons éprouvé un grand choc. Mais nous avons continué de jouer sa pièce, c'était un moyen de le garder vivant que de dire ses mots ; nous en étions tous conscients en l'interprétant. Enfin, nous rentrons à Paris, trois, quatre jours après son décès, je mets mon répondeur en arrivant et tout à coup j'entends : " Allô ! Ici Ionesco, comment va votre maman ? " C'était du Ionesco, encore, ce dernier appel. »

Avec sa parfaite maîtrise du répertoire, Michel Bouquet pourrait passer pour un acteur épris de classicisme, se complaisant chez les grands auteurs du passé. Or l'acteur bien souvent a choisi les modernes contre les anciens, les risques du contemporain contre le confort des héros légendaires. Il refuse à Jean Vilar le Misanthrope de Molière pour jouer peu après le Bitos de Jean Anouilh, il s'engage sur les chemins encore peu balisés de Ionesco (*Le Rhinocéros*), de Pinter (*La Collection, L'Anniversaire*), fait entendre l'écriture acerbe et quotidienne de Georges Michel (*Les Jouets*, 1964), les désillusions et l'amertume de l'ancien « *jeune homme en colère* » anglais John Osborne (*Témoignage irrecevable*, 1966), la poésie doucement surréaliste et cruelle de Romain Weingarten (*Alice dans les jardins du Luxembourg*, 1970), la dérision politico-cosmique de René de Obaldia (*Monsieur Klebs et Rosalie*, 1975) ou la sagesse zen du grand écrivain japonais Yasunari Kawabata qui, écœuré du monde d'aujourd'hui, décida de mettre fin à ses jours en 1972 (*Le Maître de go*, 1991).

Avec une souveraine économie de moyens, il incarnait dans ce spectacle adapté pour la scène par Philippe Faure un vieux maître de go ayant réellement existé : Shusai. Ce sage exemplaire et ascétique décide de remettre en jeu son titre au cours d'un tournoi qui l'oppose à l'un de ses jeunes élèves ambitieux et gagneurs, d'une tout autre génération que lui, d'une tout autre culture aussi. Michel Bouquet déploya dans le rôle un trésor de pudeur, d'émotions contenues, de vibrant minimalisme. Il s'y taisait avec hauteur, dignité, stoïcisme. Mais à travers ce jeu tendu à l'extrême, laissait admirablement deviner, entendre des démons intérieurs (même domptés), des violences intimes (même impitoyablement réprimées).

Ces violences n'ont-elles pas surgi dès les débuts de

l'acteur, pour revenir, crânement, de rôle en rôle ? Comme s'il y avait toujours une étonnante alternance d'explosion-rétention, de dits-non-dits dans les interprétations glacées-brûlantes de Michel Bouquet, dans sa manière de jouer avec le théâtre, avec la vie, se réservant des secrets, des solitudes, puis piquant d'imprévisibles coups de sang. En « vineux » qu'il est, comme disait sa mère ; en vieil enfant au piquet toujours mal à l'aise avec le monde, aussi, timide et méfiant.

Ainsi Michel Bouquet éructera-t-il avec hargne dans *Les Côtelettes,* première pièce, première satire cynico-macho-farce signée du cinéaste et écrivain Bertrand Blier et donnée en 1997 à la Porte-Saint-Martin. Qu'on se souvienne de son élégante entrée en scène sur ces mots singulièrement distingués à Philippe Noiret : « Je viens pour vous faire chier. » L'acteur en jubile encore. Ce rôle ne lui a-t-il pas valu le Molière du meilleur acteur en 1998 ? Et c'est vrai qu'il a un faible pour les provocateurs, ceux qui osent. Qui ne sont pas trop timides et trop méfiants. En vieil emmerdeur empêcheur de tourner en rond et fier de l'être, Michel Bouquet devenait ici stupéfiant de rosserie, de rouerie. D'insolence et de liberté.

Il lui en avait fallu beaucoup aussi, pour incarner quelques mois auparavant — en 1996, dans une mise en scène d'Armand Delcampe à Louvain-la-Neuve — le répugnant Rüdolf Höller, président de tribunal vieillissant, ex-officier SS admirateur éperdu de Himmler, qu'avait imaginé et créé en 1979 à Stuttgart le dramaturge autrichien Thomas Bernhard dans *Avant la retraite.* Lors de la reprise en 1998 au Théâtre de l'Atelier, on avait pu apprécier la rage carnassière que mit

l'écrivain à dépeindre cet ancien nazi, si représentatif
pour lui d'un pays honni : l'Autriche qu'il sentait encore
tentée par la peste brune...

Rüdolf a deux sœurs célibataires avec lesquelles il vit.
Vera, sa complice incestueuse ; Clara, infirme, hostile à
ses idées, plutôt communiste, et qu'il prend plaisir à
quotidiennement tyranniser. Le trio infernal s'apprête ce
soir-là à célébrer en tenue de soirée et costume nazi,
comme chaque année, l'anniversaire de la naissance de
Himmler...

Pour se préparer à incarner ce rôle, Michel Bouquet
dit avoir consacré deux ans de sa vie à lire et relire toute
l'œuvre de Thomas Bernhard — romans, récits, essais,
pièces, les critiques qui en ont été faites et les ouvrages
écrits sur l'écrivain —, à vivre avec lui à travers les livres.
« On ne peut jouer un auteur si on ne connaît pas toute
son œuvre. Impossible, par exemple, d'interpréter *Avant
la retraite*, si on n'a pas lu *Extinction* et *Perturbation*. On
risque le contresens.

« Ainsi m'imaginais-je au début de mes lectures,
Thomas Bernhard quelque peu ambigu sur le nazisme,
bizarrement fasciné, peut-être, par Hitler. Pour respecter
son point de vue, ce qui est le devoir de l'acteur —
suivre l'auteur —, j'avais commencé à trop humaniser
Rüdolf au cours des premières représentations, je mon-
trais qu'il souffrait, je rendais sa monstruosité presque
émouvante, je voulais le sauver. Or en poursuivant mon
travail de lecteur, j'ai compris au contraire à quel point
Bernhard détestait cette époque, s'était construit contre
elle. Et avec une puissance, une lucidité, une force

presque terrorisantes. J'aurais été effrayé de le rencontrer, aussi effrayé que si j'avais dû voir Sophocle...

« Fort de mes découvertes de lecteur, j'ai donc changé de cap. J'ai pensé qu'il fallait faire attention à cette humanité que je tentais d'apporter ; elle n'était que de mon fait, elle était d'une perception trop immédiate. Les poètes sont plus profonds ; Thomas Bernhard, qui en est un, est capable de dire les pires horreurs avec douceur. Et me voilà transformant Rüdolf en une espèce de marionnette ; j'ai voulu une interprétation qui ne trouble pas, qui ne soit pas le moins du monde équivoque. Que l'intonation juste soit aussi une intonation morale. Mais sans rien figer pour autant dans le spectacle : pour que Bernhard reste provocant, il faut manier sa pièce comme une bombe qui pourrait sans cesse exploser. »

A la marionnette, Michel Bouquet sut pourtant apporter des accents attachants. Et maintenir superbement le spectateur en inconfortable et fragile équilibre : tout ensemble proche et loin de cette abominable crapule qu'il incarnait là, devant eux. Les pires bourreaux sont aussi des hommes, suggérait-il. Thomas Bernhard n'avait-il pas lui-même affublé son Rüdolf Höller des maladies cardiaques dont il souffrait ? Etrange connivence entre le méprisable héros et son auteur. Quant au public, il assistait bel et bien sans mot dire, lui aussi, aux atroces diatribes antisémites de la famille Höller, complice de l'horreur comme les sinistres majorités silencieuses des années 30. Applaudir, n'est-ce pas pactiser ? On comprend ainsi la haine et la fascination mêlées de Bernhard pour le théâtre, coupable selon lui de toutes les lâchetés, de toutes les compromissions.

Est-ce d'avoir approché, via la scène, une de ces créatures cauchemardesques quotidiennement redoutées durant son adolescence dans le Paris occupé ? Est-ce d'avoir, à soixante-douze ans, renoué avec une certaine mémoire d'enfance ? Michel Bouquet choisit d'interpréter encore l'année suivante, en 1999, au Théâtre Montparnasse, un Allemand historique, accusé d'avoir collaboré avec le régime de Hitler : le prestigieux chef d'orchestre Wilhelm Furtwängler.

Dans *A torts et à raisons*, l'Anglais Ronald Harwood le confronte à un officier américain traumatisé par la découverte des camps et chargé, en 1946, en Allemagne, de la campagne de dénazification. Il accuse Furtwängler d'être resté à la tête de la Philharmonie de Berlin, malgré l'arrivée au pouvoir des nazis, l'arrestation des Juifs, l'exil des intellectuels et des artistes. Il cherche en lui un des coupables, des responsables — direct ou non — de toutes les horreurs qu'il a pu observer à son arrivée. Et le chef d'orchestre de se défendre en assurant qu'il a voulu juste préserver son art, la continuité de son art, même pendant les années d'épouvante.

Apparemment, pour Michel Bouquet — qui affirme haut et fort qu'un artiste n'a pas à se mêler publiquement de politique —, Furtwängler (qui prononce d'ailleurs dans la pièce ses propres et authentiques paroles, recueillies par le dramaturge) n'est pas coupable. Ne sortira-t-il pas innocenté du procès ? Pourtant, au cours de la longue tournée du spectacle mis en scène par Marcel Bluwal, l'opinion du comédien, encore une fois, semble avoir évolué. « Je suis parti d'un homme complètement innocent, étonné même qu'on ose lui faire procès. Et puis j'ai vu des documents, des photographies de 1942-1943, où il avait vraiment l'air d'une éminence grise ; j'ai écouté des enregistrements de l'époque, aussi, où il marque des tempi offensifs d'homme satisfait et où il dynamite littéralement la *Neuvième Symphonie* de Beethoven. Quand il l'interprète au début des années 50, le rythme est autrement plus lent, plus métaphysique... Sans doute fallait-il qu'il passe par cette épreuve.

« Ainsi mon personnage a-t-il subi des interprétations contradictoires, a résulté d'un mélange de sensations, d'intuitions, de sentiments opposés. Ça le rend plus riche. Et je me refuse aujourd'hui à donner une quelconque opinion sur la culpabilité de Furtwängler. D'ailleurs les gens s'en fichent, ce n'est pas moi qu'ils viennent voir, mais mon combat avec le rôle. Il s'agit donc de ne pas le rétrécir. De ne pas donner de lui une vision réductrice, manichéenne. Sa veuve est venue me voir et m'a dit dans un sourire : " Vous avez levé un petit coin de l'âme de mon mari. " Lequel ? Que voulait-elle dire ?

« Je sais moi, depuis que je l'ai joué, que les mots ne représentent jamais qu'une partie de ce qu'on pense. De ce que je pense. Demain je peux penser le contraire. »

17

ENSEIGNER, METTRE EN SCÈNE

Début 1977, Jacques Rosner, alors directeur du Conservatoire national d'art dramatique, propose à Michel Bouquet de diriger, neuf heures par semaine, une classe d'interprétation. Après réflexion, le comédien accepte. Il y voit l'occasion de se confronter plus concrètement à ce qu'il pense de l'art de l'acteur ; l'occasion, aussi, de mettre de l'ordre dans ses intuitions, de les exprimer, de les vérifier, d'essayer de les partager. Mais l'artiste écorché qu'il est resté malgré tous les succès, toutes les reconnaissances, sait trop combien les acteurs sont fragiles. Il craint que sa bonne volonté, sa clairvoyance ne suffisent à le transformer en bon professeur. Même si l'expérience lui semble passionnante, il redoute l'éventualité « de faire du mal aux élèves ».

Quelques semaines durant, Michel Bouquet demande humblement autour de lui, à quelques professionnels, à quelques amis, s'ils l'estiment vraiment digne de ce poste. Le grand comédien reste un homme qui doute, qui n'a pas confiance en lui. Orgueil, timidité, vieux complexe de mauvais élève au piquet ? Quand enfin il se laisse convaincre, c'est pour proposer à Jacques Rosner de rester trois mois à ses côtés dans la classe, de faire même les cours avec lui, histoire de vérifier qu'il a bien le profil de l'emploi. Si le directeur du Conservatoire reste persuadé qu'il a pris la bonne décision, alors seulement Michel Bouquet définitivement acceptera.

Jacques Rosner approuve l'idée. Mais n'assiste aux cours qu'un mois, déclarant très vite au nouveau maître qu'il est tout à fait digne de son choix. Le nouvel enseignant, officiellement, peut commencer sa tâche dès le 1ᵉʳ novembre 1977. Plus de dix ans durant — jusqu'au 30 septembre 1988, où Michel Bouquet choisit de quitter sa classe, un an avant l'âge de la retraite prévu pour les professeurs-maison —, il aura fait travailler près de cent vingt élèves. De Muriel Robin à Anne Brochet, de Denis Podalydès à Nathalie Cerda, de Frank de la Personne à Patrick Pineau ou Maria de Medeiros, pour n'en citer que quelques-uns, aux tempéraments, aux individualités les plus variés.

Michel Bouquet, en effet, s'est toujours attaché à ne pas former d'élèves-clones, à ne pas les forger trop à son image, trop à son style — tels bien d'autres professeurs alors présents dans l'auguste institution —, mais à respecter au contraire les personnalités. Lui-même, jeune apprenti comédien dans la classe de Dussane, n'était-il pas fort jaloux de la sienne ? « Dès le premier cours, je leur ai dit : " Voilà, on est tous des acteurs ici, on a tous envie de faire notre métier, eh bien parlons-en. Soyons des acteurs de bonne foi ensemble. " »

Sur la transmission du métier, le nouveau professeur reste méfiant : « Je ne crois guère à la pédagogie en matière d'art. Une génération ne peut rien apprendre d'une autre : les goûts sont trop différents. » L'essentiel pour lui, est ailleurs : dans le passage de témoins entre artistes, dans une certaine idée, dans une certaine morale de l'art de l'interprète à partager, à cultiver. « Les comédiens doivent particulièrement veiller à cet art que leur ont légué les grands acteurs du XIXe siècle et ceux du début du XXe, comme Dullin ou Jouvet. Ils doivent le conserver, le protéger, maintenir haut la barre des exigences et ne pas sombrer dans la démagogie. Voilà ce que j'ai voulu surtout leur enseigner : maintenir haut, très haut la barre. Car l'art, s'il est perdu, est perdu à jamais. Les sociétés, les peuples peuvent, eux, s'entretuer, se massacrer : on tuera toujours, on recommencera toujours ! Mais une civilisation complètement détruite ne renaît jamais de ses cendres...

« Si le jeune acteur est bien conscient de ce danger et de ses responsabilités, s'il entre dans ce métier pour servir et non se servir, ne lui reste plus, alors, qu'à accorder ses idées à ses actes et à ses moyens, fussent-ils petits. Il doit être constamment sévère avec lui-même pour essayer d'atteindre ou au moins de sauvegarder ce que d'autres lui ont laissé. »

Une recherche essentiellement personnelle. Michel Bouquet affirme qu'il ne se serait jamais permis de se mêler du travail d'un élève, même dans le choix des pièces à étudier. Il est trop comédien pour cela ; il défend trop le droit de l'acteur à maîtriser seul sa « cuisine » intérieure, contre toute intrusion possible. Du metteur en scène, ou du professeur... « De toute façon, on ne peut jamais vraiment aider un acteur, jeune ou vieux : chacun est ce qu'il est, avec ses gênes, sa complexité, chacun doit se débrouiller avec ça. Ce n'est pas à un professeur de s'en mêler, sinon il prend le pied sur vous, vous domine, et en art c'est un crime, un sacrilège. Donc ce n'était pas du tout mon rôle.

« Mon rôle, c'était juste de donner envie, de montrer qu'en se donnant de la peine le comédien allait bientôt recevoir des cadeaux intérieurs qui le nourriraient, le formeraient, petit à petit, et pour toujours, à des merveilles ! Mon boulot, c'était de dire : " Prends garde à préserver tes merveilles, occupe-toi d'art et pas d'autre chose. Tu verras qu'il y a de quoi t'occuper ! Même en ne travaillant que ce que tu aimes, que ce soit du classique ou du moderne. "

« J'ai toujours poussé mes élèves dans les rails de l'auteur ; je leur ai toujours suggéré d'aller tout chercher dans l'auteur, dans les mécanismes que celui-ci a mis en place dans la construction même de sa pièce. Il faut se situer le plus possible dans sa ligne d'action — comme me l'indiquait Anouilh —, en repérer les charnières, et s'appuyer dessus. Etre le plus objectif possible par rapport au texte ; subjectif, de toute façon, on l'est toujours trop, à peine est-on entré en scène ! " Mais attention alors à ne pas mettre abusivement son grain de sel dans le rôle ! " leur disais-je. Il y a de nombreux moments où l'on a à peine besoin de jouer, où c'est la situation qui joue sans vous, où il faut juste ressentir, rendre compte. Sans être trop présent. Sinon, c'est redondant, inutile. De toute façon, la pièce agit toute seule. Le pire ennemi de l'acteur, comme je le leur ai souvent répété, c'est, à ce moment-là, l'acteur lui-même.

« Mais comment détecter ces moments ? Il reste indispensable de savoir personnellement ce qu'on veut dire avec le personnage. Pour éprouver le sentiment, il faut savoir ce qu'on en pense soi-même. Non seulement réfléchir sérieusement à ce que propose l'auteur mais vivre soi-même de telle sorte — avec le plus possible de lucidité, de rigueur, d'équilibre — que nombre d'expériences, d'émotions humaines soient quelque chose de familier. Alors on pourra comparer et tirer une synthèse, un point de vue de ce qu'apporte l'auteur par rapport au vécu quotidien.

« Voilà bien pourquoi, à mon avis, un professeur ne doit jamais avoir d'influence directe sur la lecture d'un élève. Sa lecture, il faut qu'elle soit à lui. Quand, enfin, il saura ce qu'il pense vraiment — et s'il ne pense pas, s'il n'a pas de point de vue avant l'exécution de sa partition, inutile d'entrer en scène ! —, alors seulement il parviendra à sentir où sont les brisures, les cassures, qui vont peu à peu commander le phrasé du personnage.

« On raconte qu'un élève de la classe de Jouvet, au Conservatoire, ne cessait de multiplier ses propres interprétations du Dom Juan de Molière, sans s'arrêter à aucune. Un jour, il le jouait séducteur ; un autre, imprécateur ; un autre, méchant ; un autre, gentil... Impossible de s'y retrouver, il compliquait tout à plaisir. Sentant bien qu'il n'arrivait à rien de bon, il supplie une dernière fois son professeur : " Maître, je n'ai plus d'idée, aidez-moi, s'il vous plaît, que faire ? — Et si tu pétais ? " lui rétorque Jouvet, excédé. Cette anecdote raconte bien que c'est à l'acteur lui-même de se prendre en charge, d'endosser son travail.

« Car il n'y a aucune règle préétablie. C'est l'étude approfondie du personnage, la cohabitation avec lui qui inspirent tout : le comportement, le costume, le geste, la voix. Je n'ai jamais aidé un élève à travailler sa voix ou sa respiration. Je leur disais évidemment qu'il était nécessaire d'avoir une bonne voix ; mais qu'elle devait rester authentique, personnelle ; chacun a la sienne. Pour l'enrichir, l'assouplir, je leur conseillais simplement de lire chez eux, à haute voix, n'importe quel livre de leur goût, une heure ou deux chaque matin, selon leur capacité de résistance. Lorsqu'on lit ainsi à voix haute, on entend tout de suite ce qui ne va pas, ce qui n'est pas le sens, ce qui ne correspond pas à l'âme qui a écrit. Mais dès qu'on rejoint cette âme, on éprouve intuitivement un sentiment de cohérence interne et ça devient magique, merveilleux. Si un jeune acteur n'est pas sensible à la beauté de la langue, si elle ne le fait pas trembler de bonheur, de respect, de frayeur. Alors il ne faut pas qu'il fasse ce métier.

« Lire, lire... toute la journée, du matin au soir, du soir au matin. Il n'y a pas d'autre solution. Non seulement pour la voix, mais pour choisir les personnages qu'on voudrait incarner... Il faut que les jeunes comédiens connaissent à fond la littérature : c'est le matériau avec lequel ils vont avoir à travailler toute leur vie ! Moi au moins, l'autodidacte, j'ai eu la chance d'aller à la radio huit heures pas jour pendant vingt ans, et d'y rencontrer, d'y explorer les plus grands écrivains : ils ont été mes universités.

« Un comédien doit être curieux. Curieux de tout. Chercher sans cesse à se cultiver, à avancer. Pour mieux ressentir. Et pour donner une forme plus accomplie à ce qu'il ressent. Il doit être insatiable. Combien de fois ai-je incité mes élèves à cette boulimie de sensations, d'émotions ! J'ai toujours été sincère avec eux. Je les aimais beaucoup. Ils le sentaient.

« J'aime les acteurs. Je me sens une grande fraternité avec les acteurs. Il y a tellement de mérite à faire ce métier où l'on est constamment humilié, par soi-même surtout : lorsqu'on s'aperçoit qu'on ne peut faire ce qu'on rêverait de faire... De plus, même les pires comédiens sont des âmes naïves et nobles ; ne faut-il pas être naïf pour croire qu'on va réussir à représenter à partir de soi quelque chose qui n'est pas soi ? Les comédiens sont en permanence en gestation d'eux-mêmes. Moi-même, je me sens en perpétuel devenir, j'ai toujours le sentiment que je vais devenir quelqu'un que j'ignore. Aujourd'hui encore. Car au fond, je me connais mal. Je ne suis sûr de rien. J'ai parfois l'impression d'être toujours un bébé qui crie ; qui ne sait pas pourquoi il crie mais qui crie. Quand je m'énerve, je suis un vieux bébé qui crie.

« J'aime chez les acteurs cette bonne volonté constante et cette impatience de s'accoucher soi-même, de " se recommencer ". Avec aussi cette habitude de perdre, cette acceptation de perdre.

« Cette tendresse profonde pour les comédiens, je l'avais bien sûr pour les élèves. Même si j'ai toujours été ferme avec eux, n'hésitant pas à les décourager parfois — pour mieux les encourager —, ni à appeler un chat un chat : je leur ai toujours dit franchement ce que je pensais de leur travail.

« Si je n'ai jamais voulu les blesser inutilement, je n'ai jamais cherché non plus à leur mentir sur les difficultés du métier. Car le comédien ne doit pas oublier qu'il doit faire l'effort de creuser, d'explorer au plus profond sa solitude, son angoisse. Sans cela, il n'y a pas d'exorcisme et donc pas de jeu théâtral digne de ce nom. Dans une vie dite normale, cette solitude, cette angoisse tueraient. Mais le jeu, lui, permet de se retrouver sain et sauf ; on accumule ainsi les difficultés pour mieux s'en débarrasser par le jeu. L'acteur doit donc toujours se demander avec lucidité quel être misérable il est, non quel être merveilleux il est, s'il veut progresser. Il n'y a d'artiste qu'angoissé. Nous discutions de tout cela avec honnêteté et courage. »

Ce plaisir de la discussion, de la confrontation, qu'il avoue avoir éprouvé avec les apprentis-comédiens du Conservatoire, Michel Bouquet reconnaît ne l'avoir guère ressenti lors de ses deux brefs passages à la mise en scène, à la fin des années 50, au Théâtre de l'Œuvre. A peine s'il souhaite encore évoquer le très romantique *Chatterton* d'Alfred de Vigny qu'il avait réglé et interprété lui-même au printemps 1956 avec Ariane Borg, sa première épouse, aérienne et fragile — comme venue d'ailleurs —, Jean-Louis Richard et les tout jeunes Bruno Crémer et Jean-Pierre Marielle : « J'étais touché surtout par une espèce de naïveté qui se dégageait du texte ; comme si l'histoire avait été écrite par un enfant. Je l'avais montée tout exprès de manière très simple. Je me souviens que Kitty Bell, la femme de l'aubergiste, dont le poète Chatterton est désespérément amoureux, arrivait ainsi avec une orange dans la main. Personne ne savait vraiment pourquoi. Moi non plus. »

Il s'attaque deux ans plus tard, en 1958, à *La Maison des cœurs brisés* de l'Anglais George Bernard Shaw, qu'il dépeint comme un « Tchekhov anglo-saxon ». Dans cette étrange et déjantée comédie, Michel Bouquet rêve de diriger Pierre Fresnay, qui refuse. Une fois encore, il jouera donc lui-même dans son spectacle. « J'étais trop passionné par mon propre métier d'acteur, et par les nuances, les subtilités de l'interprétation pour être un bon metteur en scène. Pour exercer ces fonctions-là, il faut oser avancer à coups de serpe, et surtout avoir un sens du volume, de l'espace scénique que je n'ai pas. Avec les autres comédiens, je n'étais pas, non plus, assez directif ; je les abandonnais volontiers à eux-mêmes, fidèle en cela à mes désirs personnels d'interprète. Mais qui ne sont pas forcément valables pour les autres... En outre, je l'avoue, j'avais fait de grosses erreurs de distribution. Or tout l'art de la mise en scène, c'est de bien choisir les acteurs du spectacle : après, tout roule. Mais je m'y étais mal pris. Je n'étais pas un chef. Je ne suis pas un chef. »

Fin de la très rapide carrière de metteur en scène. Dont un jeune témoin de l'époque, Jean-Pierre Marielle, garde pourtant un souvenir ému. « Michel Bouquet n'imposait rien, c'est vrai. Mais le regarder jouer, c'était déjà magique pour les jeunes du Conservatoire à la dent dure que nous étions encore, Crémer ou moi — ou Belmondo qui était aussi de ses fans ! Il y avait en lui quelque chose du diable, un noir magnétisme qui nous fascinait bien davantage que le côté angélique d'un Gérard Philipe, par exemple, qui nous paraissait à nous un magnifique chanteur d'opéra, genre ténor. Et puis au fond, mieux vaut être mal dirigé par un grand acteur qu'on admire, que bien dirigé par un mauvais qu'on méprise. Que croyez-vous donc qu'on puisse réellement expliquer, apprendre à un acteur ? »

18

VOIR

Travailler sur le texte, approfondir sa connaissance de l'auteur comme celle du contexte de la pièce est le plus souvent labeur solitaire, silencieux, monacal. « Ne pas être distrait par l'extérieur est nécessaire à toute forme de création, que ce soit celle de l'écrivain, du peintre, de l'interprète. Sinon comment atteindre la concentration ? » affirme Michel Bouquet qui n'aime guère non plus le temps des répétitions en commun ; ces durs et humiliants moments de mise à l'épreuve collective de ce qu'on aimerait faire, de ce qu'on ne parvient pas encore à faire.

Mais comment nourrir son art pour continuer de l'ouvrir au monde, en faire œuvre universelle et non tête-à-tête nombriliste avec l'auteur choisi ? Depuis ses plus jeunes années, depuis l'âge de dix-sept ans, dit-il, Michel Bouquet n'a cessé de fréquenter le Louvre. Seul. Puis de courir l'Europe des musées pour y observer de près ces portraits, ces scènes religieuses, ces scènes héroïques, ces scènes en tout genre enfin — de la Renaissance à nos jours — qui non seulement lui procurent un plaisir sensuel (il affirme avoir l'impression de pouvoir toucher avec l'œil, d'éprouver très concrètement cette valeur tactile des chefs-d'œuvre) mais lui ouvrent aussi d'insoupçonnés horizons en matière d'interprétation.

Car pour lui les grands peintres, les grands portraitistes sont capables de synthèses à nulle autre pareilles. A force d'observer leurs modèles, les meilleurs d'entre eux parviennent mieux que personne à saisir une certaine quintessence de l'individu, un raccourci de ses contradictions, de ses petitesses comme de ses grandeurs.

La *Bethsabée au bain* de Rembrandt fut ainsi une véritable révélation esthétique pour le jeune Bouquet, quelque peu émoustillé aussi — il l'avoue — de voir exposées au Louvre ces femmes nues qu'on ne pouvait encore, après la guerre, lorgner nulle part ailleurs. Et son étonnement fut grand d'observer chez l'épouse du roi David et future mère du roi Salomon une généreuse et resplendissante sensualité des formes sans doute, mais contredite par une sorte de tristesse, sur tout le visage.

« Comme si Bethsabée nous murmurait qu'elle était désirable malgré elle, et semblait refuser confusément ce qui pouvait apparaître d'une débordante sexualité. Ce nu-là, contrairement à ceux de Vélasquez ou de Goya, n'avait rien d'un nu heureux. Dubitatif, incertain, il posait question. C'était déjà un nu " moderne " !

« Que ces deux sensations — jouissance, mélancolie — coexistent dans un même être et sur le même tableau fut pour moi une leçon : un personnage de théâtre pouvait lui aussi — devait, même ! — offrir ces images contrastées, voire paradoxales. Que l'expression du visage signifie autre chose que certains gestes, certaines attitudes corporelles, et le personnage n'en serait que plus ambivalent, plus mystérieux, plus passionnant pour le public. »

De même, l'érotisme discret des toiles de Ingres le fascine ; cette manière souterraine qu'a le peintre de suggérer ou de dissimuler les désirs en jouant des seuls effets de lumière sur la chair. Ou en figurant juste ce petit boa autour du cou de mademoiselle Rivière (un de ses plus beaux portraits), symbole de tous les carcans, de toutes les frustrations menaçant la jeune femme qu'elle allait devenir. Ainsi d'une simple touche du pinceau, d'un simple accessoire, Ingres indique l'enfermement ou l'ouverture, le possible ou l'impossible. Riche enseignement pour l'interprète en devenir.

Michel Bouquet confesse même que, se trouvant d'un physique banal, d'une taille médiocre, d'un air des plus ordinaires, il alla chercher chez les grands maîtres de quoi sculpter, étoffer sa modeste apparence. Et apprendre à savoir se tenir, aussi, comme les personnages sculpturaux de Piero della Francesca, à porter le costume ou adopter certaines attitudes pleines d'autorité. Prenons Ingres, une fois encore. Qui, mieux que cet artiste néoclassique, a su transcrire les poses satisfaites des nouveaux bourgeois triomphants du XIXe siècle ? Son portrait de monsieur Bertin, les mains posées à plat sur ses genoux, en est l'exemple parfait. Michel Bouquet saura plus d'une fois s'en inspirer.

Comme des grandes scènes mythologiques du maître. Si les dieux y sont si troublants, c'est que le peintre leur donne des postures humaines, familières : se caresser la barbe ou se gratter le menton. Cultiver le paradoxe, l'antithèse, voilà le génie. Michel Bouquet s'en souviendra quand il donnera cette étonnante allure prophétique, visionnaire, à des créatures apparemment pitoyables, lamentables, de Pinter, Ionesco, ou Beckett.

Et Ingres l'a définitivement conforté, enfin, quand le comédien a compris à quel point ce subtil observateur de la société de son temps, ce fin portraitiste doué d'un regard si moderne, restait un classique, nimbé de culture classique. Ainsi pouvait-on sans dommage se réclamer comme lui de la tradition, des filiations avec les grands artistes du passé, et servir cependant le contemporain. Exactement ce que souhaitait faire au théâtre Michel Bouquet.

Cependant, il s'est toujours défendu d'une approche utilitaire de la peinture. Celle-ci est juste si profondément entrée dans sa vie que l'acteur a fini par voir le monde, aussi, comme un tableau. « L'amateur d'art est un adorant ; son plaisir est de reconnaître le sublime. Que ce soit pour moi, entre mille exemples possible *La Vierge aux rochers* de Léonard de Vinci, telle représentation d'Adam et Eve selon Masaccio, ou tel portrait de Francis Bacon... Quoi de plus gratifiant que de se sentir devant un chef-d'œuvre ! Même si l'expérience est parfois tellement forte, tellement éprouvante, que l'œil doit glisser vite autre part pour ne pas être complètement étouffé, aveuglé. Une fois éprouvé le choc, mieux vaut d'ailleurs partir. Et revenir plus calmement un autre jour.

« S'il ne faut pas systématiquement se servir de ces émotions et gâcher ainsi leur gratuité, leur authenticité, il est certain qu'elles vont quand même vous former le goût et que vous allez vivre, bientôt, avec ce goût nouveau et dévorant du beau. Que tout votre être, votre manière de penser s'en trouveront transformés.

« J'ai fréquenté intensément, violemment, les musées jusqu'à l'âge de trente ans. Je partais tout exprès pour aller admirer certains tableaux en Hollande, en Italie, en Hongrie... J'adorais être dans le train aussi, ces petits trains de bois si insolites. C'était merveilleux de voyager à l'époque. Il y avait tant de surprises, encore, qui vous tombaient dessus et des gens si différents à rencontrer ! C'était magnifique. Pourvu que l'Europe à venir n'unifie pas tout ! C'est si beau les frontières. Déjà parce que c'est très excitant de les franchir... Quand je suis dans ma Bourgogne natale avec ma femme, il suffit que je sorte de notre village pour me sentir étranger dans celui d'à côté. C'est épatant ! Car c'est enrichissant, troublant de côtoyer des gens qui ne vous ressemblent pas et qui vous apportent beaucoup par leur altérité même, surtout pour un comédien. Ah les " vrais " Espagnols, les " vrais " Italiens, les vrais " Flamands " d'antan....

« J'espère que la mondialisation et cet horrible culte du "nombre", de la masse, de l' "audimat" international, qui nous dominent de plus en plus ne vont pas bientôt tout emporter, tout gâcher. Je me sens tellement démodé, dépassé dans la société d'aujourd'hui. Je n'y comprends rien. Les choses avancent à une telle rapidité, on ne sait même plus si on est encore vivant. C'est le règne de l'efficacité instantanée. Même les artistes doivent s'y soumettre, et surtout ne pas rater un ou deux spectacles - comme pouvaient encore se le permettre autrefois Jouvet ou Dullin —, sinon les médias les culbutent aussi sec dans l'ornière. Les artistes, actuellement, doivent être

constamment consommables. Pour ne pas être immédiatement jetables. Mais croyez-vous donc qu'à mon âge,
on puisse être constamment consommable ?

« Toutes les valeurs auxquelles je croyais se sont effon-
drées. La fraternité, par exemple, la solidarité humaine.
Si vous aviez connu les dix années qui ont suivi la
guerre ! Un tableau tout en couleurs chaudes... Les gens
avaient tellement souffert qu'ils étaient ouverts les uns
aux autres : ils se sentaient frères, ils ne voulaient pas
que l'horreur recommence. Et puis tout était à recons-
truire, tout palpitait. Personne ne rouspétait plus, vivre
semblait formidable. Vous pouviez laisser votre bicy-
clette sans antivol à un coin de rue, personne jamais ne
la fauchait.

« Mais dès les années 60, sous l'influence de la télévision, de la publicité sans doute, les arrivismes, les
égoïsmes, les mesquineries sont revenus au galop. Et le
règne de la dérision bientôt, histoire de n'avoir pas l'air
trop dupe ; le règne de la dérision pour la dérision... J'ai
d'abord trouvé ça enfantin, facile, un peu lâche ; et puis
effarant : il est tellement plus aisé de descendre une
marche que de la monter.

« Tout à coup, je me suis senti paumé, je me suis senti
vieux. Le monde pour lequel j'avais éprouvé le besoin de
me battre, moi l'adolescent de 1939, sa culture millé-
naire, son art de vivre, sa nature même — magnifique
— étaient en train de reculer à toute vitesse, de se dété-
riorer, voire de disparaître. A beaucoup désormais, ce
monde-là, sa lente et profonde évolution au cours des
siècles, paraissait préhistorique. On ne vivait plus dans le

même tempo, certains comme moi devenaient déconnectés.

« Ne considérez que la télévision : j'implose en la regardant ! Pour mes nerfs, il faudrait même que je la ferme définitivement. Car elle nous manipule, nous prend en otage. A la regarder, à regarder les actualités par exemple, on a l'impression que chacun de nous est responsable des malheurs du monde, les porte sur ses épaules. Mais c'est un chantage abominable, presque mafieux, que cette volonté de culpabiliser le plus grand nombre ! Soit la télé fait de nous des imbéciles par ses jeux stupides, soit elle nous suggère que nous sommes des criminels ! Comment vivre ? Je préfère rester dans la coulisse. Ou paraître un dinosaure, moi qui suis davantage tourné vers le passé. J'étais un vieux dès trente-cinq ans. »

C'est à cet âge, aussi, que Michel Bouquet commence à moins voyager, à réduire ses expéditions muséales de par le monde. Il entame une carrière nouvelle au cinéma, s'isole sur lui-même pour mieux se rassembler, se concentre sur quelques grands chefs-d'œuvre qu'il a déjà répertoriés dans sa mémoire. Dorénavant, il se satisfera des visites, des découvertes que lui permettent les tournées de ses spectacles. Mais il n'en rate aucune. « Pas une ville dont je ne connaisse le musée des Beaux-Arts, les toiles de maître, anciennes ou modernes, les dessins aussi. A Marseille comme à Nantes, à Grenoble comme à Lyon. Et leur étude continue de m'apprendre beaucoup. D'un point de vue artisanal et technique, ce qui reste pour moi plus important que les grandes théories esthétiques souvent simplistes.

« Quand j'observe par exemple de très près, le nez collé sur le tableau, que Rubens met du rouge vif dans les chevelures de ses femmes nues — comme pourrait le faire un surréaliste — et que cette touche ne s'aperçoit même pas dans la tonalité d'ensemble, mais rend juste les chevelures plus belles, je me dis qu'il faut savoir oser aussi une pointe de folie dans l'interprétation — ou dans l'existence — pour qu'elle paraisse simplement plus vraie, ou plus cohérente. Comme les chevelures des femmes de Rubens.

« Rien ne m'a fait autant réfléchir que la peinture, rien ne m'a autant aidé que la peinture. Certes je continue, chaque matin, à écouter une heure de musique, essentiellement Bach et Mozart, parfois les derniers quatuors de Beethoven. J'en ai besoin. Mais la musique flatte trop l'ego. Elle exalte, console, euphorise, reste constamment subjective, et condamne à tourner en rond, autour de soi. C'est plus une drogue qu'un outil intellectuel. Personnellement, elle ne m'a guère fait avancer, progresser. Même si certaines compositions musicales, certains opéras m'ont toujours impressionné par leur architecture sonore, leur formidable concentration, leur rare condensation d'émotions. Je suis sans doute plus sensible à la vue qu'à l'ouïe. Davantage voyeur. »

Michel Bouquet, chez lui pourtant, ne collectionne pas les tableaux ; Juliette Carré en acquiert parfois ; lui, plus rarement. On lui en offre, de temps en temps. Et ses deux enfants sont plasticiens, ce qui le réjouit. « Les toiles deviennent très préoccupantes lorsqu'on vit avec elles. Un peu comme des êtres humains. Selon les jours, les humeurs, elles vous parlent ou non. On les rejette et puis on les aime à nouveau. Il faut faire avec elles son chemin. Au musée, la relation est plus simple. C'est un peu l'église, la grande messe.

« De toute façon, j'ai horreur d'acheter, de posséder, de capitaliser, de m'embarrasser des choses, des objets. Du réel... Mon seul luxe, c'est d'être à l'aise. De pouvoir me dire que j'ai de quoi vivre sans me préoccuper six mois à l'avance du lendemain. J'ai trop souffert de ces soucis-là à mes débuts. Je n'en veux plus. Avoir un peu d'argent, ne pas être trop inquiet de son devenir, c'est aussi pouvoir mener une vie qui sert son inspiration : voyager, se cultiver...

« Je n'ai jamais eu honte de mes exigences financières. Les problèmes matériels limitent trop souvent, hélas, la liberté d'esprit nécessaire aux choses essentielles. J'ai toujours fait mon possible pour les dominer. Sans honte, sans mauvaise conscience. J'avais suffisamment manqué pour savoir de quoi je parlais...

« Je me souviens ainsi avoir refusé sans état d'âme de tourner *Le Charme discret de la bourgeoisie* de Luis Buñuel. Le producteur du cinéaste avait coutume de ne jamais payer les comédiens — même célèbres — choisis par le célèbre maître espagnol. « Pour Buñuel, bien sûr c'est pour rien », se contentait-il de dire. Tout le monde devant considérer que c'était déjà un grand honneur d'être sollicité par lui. Pas moi. Toute peine mérite salaire pour le paysan méfiant que je suis. Surtout au cinéma. »

19

ÊTRE OU NE PAS ÊTRE ACTEUR DE CINÉMA

Il dit n'avoir jamais cherché à être une vedette du septième art. Comme ses camarades Gérard Philipe ou
Daniel Gélin, dès la fin de la guerre. Il savait que son
destin à lui était différent. Et il obéissait avec humilité,
avec orgueil à ce destin différent : lire les grands poètes,
les grands auteurs — Villon, Agrippa d'Aubigné, Saint-
Simon ou Freud —, servir les grands dramaturges plutôt
que tourner au cinéma avec Yves Allégret, Christian-
Jaque, René Clair, Jacques Becker ou Claude Autant-
Lara.

« Je ne vivais pas une vie normale. J'étais depuis l'enfance réfugié dans l'imaginaire, pris dans la fiction. Je
m'isolais hors de toute réalité. Jusqu'à devenir, presque, un
être fictif... J'étais déjà étranger à la vie. Comme aujour-
d'hui. Pourquoi m'aurait-on offert d'incarner sur grand
écran des personnages quotidiens, proches de milliers de
gens ? J'étais trop différent. Et en plus, j'en étais fier !

« Quel individu péremptoire, sûr de son fait, insupportable, j'étais alors ! Carrément insupportable et prétentieux. Etait-ce d'avoir été condamné à trop de
solitude dans ce quasi-camp de concentration qu'avait
été la pension Fénelon ?

« La vie, heureusement, s'est chargée de calmer mes prétentions. J'ai appris peu à peu à vivre avec mes contemporains. Je me souviens quand même que, engagé en 1948 sur le tournage du *Manon* de Henri-Georges Clouzot, j'avais décrété n'y rester qu'une journée : je jugeais le cinéaste trop désagréable... Mais si j'étais à l'époque un jeune coq, j'avais pourtant été ébloui par le tournage de *Pattes blanches* de Jean Grémillon, l'année précédente.

« Quel homme de culture c'était que ce grand Normand blond à la douceur étonnante, à la puissance étonnante ! Je me souviens de nos dîners, en Bretagne, après le travail. Autour de la table, Fernand Ledoux, Paul Bernard, Jean Grémillon et moi. J'étais fasciné par leurs conversations : ils pouvaient parler des heures de musique, de peinture, de littérature, de politique. Grémillon, surtout, avait une connaissance phénoménale de l'Histoire, comparait celle d'hier à celle d'aujourd'hui, nous expliquait la société présente par les événements passés, osait des synthèses saisissantes avec une puissance d'évocation digne de Shakespeare.

« J'étais sidéré par la hauteur de leurs vues. Je me taisais dans mon coin, béat d'admiration. J'avais vingt ans. J'étais quasi analphabète. Les fréquenter a été un déclic décisif. Je me suis dit : " Il faut maintenant que tu te cultives, que tu essaies d'être moins sot, de comprendre le monde, toi aussi. " Ils étaient si brillants, si humains, si simples... Voilà pourquoi, dès que la radio m'a permis de parfaire ma culture, j'ai foncé. Ces trois-là, sur ce tournage-là m'avaient prouvé à quel point il était merveilleux d'être éduqué, de pouvoir décrypter ce qui se passait afin de ne pas être manipulé par les événements, afin de garder l'œil ouvert.

« Et en plus Jean Grémillon était un artiste d'une telle intuition, d'une telle subtilité ! Il nous dirigeait sans dire un mot. Les grands, d'ailleurs, ne disent jamais grand-chose, ne demandent rien de particulier, ne tourmentent pas l'acteur. Ils s'arrangent juste à l'avance pour savoir à qui ils ont affaire. Et Grémillon, par exemple, m'avait beaucoup vu au théâtre. Alors il s'attachait simplement à ma place dans le cadre, au mouvement général de la scène. Mais à voir avec quel soin il plaçait sa caméra, sous quel angle, dans quelle lumière, on réalisait tout de suite quelle intention il souhaitait donner à la séquence. Et combien il mettait haut la barre de l'exigence formelle. Ça suffisait à entraîner dans son sillage tous les comédiens. »

Qui se souvient de la présence ténébreuse de Michel Bouquet dans *Pattes blanches* pourra s'étonner que l'acteur n'ait pas sitôt inspiré les cinéastes d'après-guerre. Avec sa silhouette malingre, son visage nerveux, dévoré par un regard noir et une sombre tignasse, avec son jeu électrique, teigneux, digne d'un Antonin Artaud, il crève l'écran. Mais avec trop d'étrangeté peut-être, de violence contenue. Les jeunes premiers sympathiques et souriants feront moins peur aux artisans du cinéma commercial qualité France qui plaît si fort alors...

Si Jean Anouilh, qui l'engage volontiers au théâtre, lui offre en 1951 un second rôle étrange et sulfureux dans *Deux Sous de violettes,* un film proche des comédies douces-amères où excelle l'auteur de *Roméo et Jeannette,* les cinéastes sont en effet peu nombreux à oser parier sur lui. En 1955, Abel Gance, original survivant de l'époque pionnière, lui confie pourtant un emploi bref et remarqué dans *La Tour de Nesle,* un film ̦expérimental avec multiplication d'images à l'intérieur du même plan Nelly Kaplan participe aussi comme comédienne à cette aventure à propos de laquelle Michel Bouquet évoque surtout aujourd'hui une scène à cheval : « J'ai eu très peur sur le cheval. »

Il faut attendre le début des années 60, l'étonnant rôle d'abbé pervers dans *Les Amitiés particulières* de Jean Delannoy et surtout la rencontre avec Claude Chabrol (son « *révélateur* », dit-il) dans *Le tigre se parfume à la dynamite* (joyeuse parodie de film d'espionnage...) pour que le comédien commence à se passionner pour le cinéma. Quelques jeunes loups de la naissante nouvelle vague lui donnent enfin sa chance, se servent des aspérités, des singularités qui choquent tant les autres.

« Je me suis tout de suite senti de la même famille que Chabrol ; nous avons en commun un côté " Français de souche ", paysan, lui de la Creuse, moi de Bourgogne. Nous sommes un peu cousins. Ensemble, nous blaguions tout le temps, nous riions des mêmes choses, nous avions le même goût des bonnes choses. De bons vivants. Mais avec des arrière-pensées, évidemment...

« Durant les six films que j'ai tournés pour lui, j'ai toujours essayé de deviner son point de vue : quels secrets pouvaient se cacher derrière son envie de faire tel ou tel film ? Car il pouvait bien déclarer avoir écrit spécialement pour moi *La Femme infidèle,* je ne me sentais personnellement rien de commun avec ce personnage de bourgeois assassin... Et en outre j'ai remarqué qu'au cinéma, bien souvent, le metteur en scène se cache derrière chacun de ses personnages, fait du héros son double ; ce qui n'est guère le cas au théâtre. Il était donc très important pour moi de savoir à qui j'avais à faire.

« Histoire de mieux travailler les rôles qu'il m'offrait, j'ai ainsi beaucoup observé Claude Chabrol. Je m'interrogeais sur lui. Je lisais, relisais les scénarios qu'il avait écrits pour *La Femme infidèle*, en 1968, ou *Juste avant la nuit*, en 1971 : deux histoires de meurtres passionnels, deux rôles de criminel. Je l'espionnais silencieusement. Quelle était en lui la part de féminin et de masculin, la part de ruse, d'intelligence, où étaient le sourire, le sérieux, le laisser-aller... Comme je l'aimais beaucoup, comme je m'en sentais proche, tenter de le déchiffrer en secret était un raffiné plaisir.

« Car jamais je ne me serais permis de lui poser une question. De toute façon ça n'aurait servi à rien. Ça ne sert jamais à rien de poser des questions. On peut répondre à côté, ou penser le contraire de ce qu'on répond. Au moment même où on répond... Plus que ces réponses aléatoires — qui troublent d'ailleurs plus qu'elles n'informent celui qui les reçoit — c'est se formuler la bonne interrogation qui importe : elle seule fait avancer. Et la passion de regarder.

« Chabrol lui-même m'a beaucoup regardé. A cherché à sentir ce qu'il y avait de plus mystérieux en moi. Et que j'ignorais peut-être. Un jeu de chat et de souris. Pour *La Femme infidèle* par exemple, sa mise en scène est d'autant plus forte qu'elle colle à mon jeu, s'adapte à lui, joue de mes forces et de mes faiblesses : pour la scène où je tue l'amant de ma femme, il a préféré ainsi montrer d'abord en gros plan mon visage que filmer

mon geste. Il savait que mes traits seraient plus élo-
quents, que je suis toujours maladroit avec les objets...
D'une certaine façon, il jouait à ma place, me manipu-
lait. Mais admirablement. Voilà un grand directeur d'acteurs ! Rien qu'avec sa caméra, il apportait de l'intensité
à mon interprétation...

« Hélas, quelques réalisateurs de son talent —
Truffaut par exemple, à la même époque — ont vite
compris, s'ils étaient tentés de travailler avec moi, que je
restais quand même plutôt allergique à ce type de traite-
ment : la manipulation par l'image. Que je résistais ins-
tinctivement à tout remodelage via la caméra. Je n'avais
pas alors cette disponibilité profonde que doit avoir l'acteur de cinéma, cette manière de n'être qu'un morceau
de chair vivante offert à la caméra. Anne Fontaine, avec
qui je viens de tourner *Comment j'ai tué mon père*,
m'aura fait comprendre la nécessité de cet abandon.
Mais à soixante-quinze ans ! C'est trop tard, sans doute.

« J'aurai donc été, je crois, un fort médiocre acteur de
cinéma jusqu'à cette expérience-là. Trop obsédé par la
construction de son rôle, même petit ; voulant absolument avoir un point de vue sur son personnage, même
fugitif. Excessivement volontariste en un mot, souhaitant
contrôler jusqu'au bout son interprétation, exercer à plein
ses responsabilités. Je redoutais tellement de n'être qu'un
objet parmi d'autres objets figurant dans le même plan !

« C'est que je désirais rester dans la continuité, dans la
logique de ce que je faisais au théâtre Etre comme là-
bas maître du jeu, du rythme, de la conception du rôle ;
bien plus que le metteur en scène... Je me souviens, par
exemple, de la grande tristesse d'Otomar Krejča assistant

au *Lorenzaccio* de Musset qu'il avait monté pour Avignon ; ayant vu le spectacle, je m'étonnais que même sous sa direction certains acteurs puissent rester si mauvais... Il m'avait répondu avec humilité et impuissance : " Ce n'est pas ma faute, Michel, avec les acteurs, quand il n'y a rien à faire, il n'y a rien à faire ! " Eh bien au cinéma, c'est le contraire, avec sa caméra un metteur en scène peut toujours tout faire.

« Après tout, théâtre, cinéma... ce n'est pas le même métier. Peut-être même les deux activités sont-elles incompatibles. Un acteur de cinéma n'a pas à avoir d'opinion ; l'opinion, c'est le cinéaste qui la donne par sa mise en scène. L'acteur ne sera pour lui que ce beau, ce riche, ce protéiforme paquet de glaise qu'il va aimer sculpter.

« Il faut savoir cela lorsqu'on est comédien de théâtre. Il faut que le cinéaste prenne le temps d'expliquer au comédien de théâtre qu'il a engagé que celui-ci devra se contenter de vivre intensément sur le plateau, d'être lui-même avec passion, de tourner autour de ses propres secrets avec délectation. Et non autour du texte, du personnage à incarner, comme il le fait sur une scène où sa mission est avant tout de s'oublier...

« Si j'avais su ça au départ, j'aurais sans doute fait une meilleure carrière sur grand écran ! Quoique... Je ne suis peut-être pas assez narcissique pour y parvenir. Au fond, je ne m'intéresse pas assez. Je me supporte tout au plus. Et j'ai vraiment besoin pour jouer, pour éprouver du plaisir à jouer, que ce soit un autre que moi — le personnage — qui s'agite à travers moi. Sans compter qu'avant quarante ans j'aurais été bien incapable de " me jouer moi-même " : je n'étais pas " achevé ", trop brut, trop mal dégrossi encore. »

Michel Bouquet se souvient que François Truffaut avait pourtant tenté de le sortir de ses gonds, de le déstabiliser, de l'obliger à « être » tout simplement, lors du tournage de *La Sirène du Mississippi* en 1968, où il incarnait l'obstiné détective privé en chasse du couple Belmondo-Deneuve. « Le matin même d'une de mes scènes les plus importantes, il me change le texte du tout au tout ! J'étais affolé. Proche du désespoir absolu. A mon avis, il devait se dire : " Bouquet va encore trop travailler, trop penser. Mettons-le, pour son bien, en situation d'inconfort ! " J'avais déjà vaguement remarqué d'ailleurs, l'année précédente, pour *La mariée était en noir*, qu'il se moquait gentiment du personnage compliqué, torturé, solitaire et un peu ridicule qu'il m'avait confié. J'aurais dû comprendre à ce moment-là que c'était une invitation discrète à être plus souple, plus innocent, à ne pas me mettre constamment la rate au court-bouillon. Mais je n'en faisais qu'à ma tête à l'époque. Je n'avais pas reçu le message. D'autant que François Truffaut avait un côté gamin de Paris, gavroche des barricades, intellectuel d'avant-garde et un peu Rastignac avec lequel, moi le paysan bourguignon, j'étais moins à l'aise... Bref, en me paniquant ce matin-là, il faut avouer qu'il a obtenu le meilleur de moi. Même si je n'ai pas assez retenu la leçon. »

Et Michel Bouquet d'expliquer qu'il continua d'étudier ses personnages avec acharnement. Les premiers rôles — flic inquiétant, marginal (*Le Dernier Saut* d'Edouard Luntz, 1969) ou flic fanatique devenu à demi-fou par désir de vengeance (*Un condé* d'Yves Boisset,1970) — comme les seconds, toujours du genre bizarre, de *Borsalino* de Jacques Deray (1970) au *Serpent* d'Henri Verneuil (1973). Même pour de fugitives apparitions, il avait coutume d'aller assister au tournage pour voir ce qui s'y passait, ajuster sa partition à l'ensemble et non jouer seul de son côté...

De 1970 à 1975, après les succès de *La Femme infidèle* et d'*Un condé*, il avoue s'être ainsi pris au jeu, avoir tenté de réussir au cinéma malgré ses premières réticences, ses maladresses, ses incompréhensions. Au point d'arrêter le théâtre, et d'accepter avec joie tous les projets de films qui se présentaient. « Je ne regrette aucune de ces aventures : de *L'Humeur vagabonde* d'Edouard Luntz, cet artiste si talentueux qui ne travaillait, hélas, pas assez — et qui m'avait fait, dans ce film, interpréter vingt personnages ! — au *Jouet* de Francis Veber, si corrosif, si étrange ; de franches comédies rigolardes style *Les grands sentiments font les bons gueuletons* de Michel Berny ou *Bons Baisers... à lundi* de Michel Audiard, jusqu'au polar façon *Deux hommes dans la ville* de José Giovanni...

« Mais j'ai senti peu à peu le vent tourner. Je recevais moins de demandes. J'avais accepté trop de rôles qui se ressemblaient : commissaires sadiques, députés UDR pourris, grands bourgeois corrompus... Ça ne décollait plus. C'était l'époque où on me reprochait aussi de faire " du Bouquet ", une espèce de jeu énigmatique, pervers et ambigu.

« Je me réjouissais pourtant à ce moment-là des infinies variations et subtilités de jeu que permet la caméra en mettant en relief vos facettes les plus secrètes. Eh bien je devais être devenu mégalomane ! Mes rôles pour les spectateurs n'étaient plus contrastés du tout ; et ce devait être vrai, puisqu'on l'écrivait, le disait... Bref ma cote baissait, beaucoup de films auxquels j'ai participé ont fait des flops commerciaux, et on sait à quel point pour un acteur pareil échec est rédhibitoire pour la suite.

« Je buvais pas mal aussi. J'avais trop de problèmes personnels à régler. J'avais grossi, je m'étais empâté. Quand je revois certains films, je me trouve le visage si bouffi qu'on n'y distingue plus rien. Les jeunes comédiens se préoccupent davantage de leurs corps que nous le faisions alors. C'est bien. Comment aurais-je pu, avec une gueule pareille, ambitionner d'être un de ces personnages auquel des millions de gens veulent ressembler, un Gabin par exemple ?

« Mais en même temps je n'avais pas envie qu'on me ressemble, ni de ressembler à personne. Je me voulais toujours différent, singulier. Etre vedette de cinéma n'était décidément pas mon destin. »

Si le grand écran ne sait l'employer au mieux, le petit en tout cas lui fait longtemps les doux yeux, lui offre de magnifiques personnages. Dès 1958, avec *Le Procès de Marie-Antoinette*, il participe aux premières dramatiques en direct, les grands événements populaires de l'époque. Avec Stellio Lorenzi dans le cadre de « La Caméra explore le temps », il est successivement Robespierre, Fouquier-Tinville, et Charles Ier d'Angleterre ; puis pour le « Théâtre de la Jeunesse » le fabuliste Esope en 1965, dans une réalisation d'Yves Jamiaque : « On se donnait corps et âme, avec un bonheur extraordinaire, mais ce type d'émissions, même prestigieuses, étaient déjà réalisées sans moyens, à la va-vite. Pour les directs, on nous criait " 5, 4, 3, 2, 1, 0 ! " et c'était parti, sans beaucoup de répétitions. Deux heures et demie durant, sans interruption, on jouait comme au radar dans des décors différents, avec la caméra qui suivait chaque mouvement et ces câbles et ces machins qui faisaient un boucan d'enfer...

« Au milieu de ce brouhaha, il fallait dire son texte, essayer de vivre son rôle ! C'était épuisant, risqué, tellement risqué ! Je n'ai jamais eu de trou, mais c'était une épreuve terrible chaque fois, effrayante ! Si les textes étaient en général de qualité, la réalisation en effet tenait souvent à un fil... »

Avec Jean-Pierre Marchand, Michel Bouquet interprétera aussi *Le Faiseur* d'Honoré de Balzac (1965) ; pour Claude Santelli, il sera, avant de le jouer au théâtre, *Le Malade imaginaire* de Molière (1971) et, pour Marcel Cravenne, un *Tartuffe*, qu'il ne reprendra jamais sur les planches, trouvant le personnage de Molière trop abstrait, moyennement intelligent, bien moins intéressant, bien moins concret qu'Orgon, son partenaire dans la comédie. Pour la télévision de service public, Michel Bouquet aura encore la chance d'incarner Rembrandt en 1978 dans *La Ronde de nuit* de Gabriel Axel, ou le père de Mozart en 1982 dans la réalisation de Marcel Bluwal.

Autant de personnages ambitieux qui le séduisent. Car il découvre et apprécie dans le petit écran un excitant compromis entre cinéma et théâtre, introversion et extraversion. Mais encore faut-il qu'on lui propose des créations alléchantes. Il sait trop bien maintenant qu'un comédien peut s'user, auprès du public, à force d'apparaître dans des films, des téléfilms médiocres. Et que son jeu peut se polluer, aussi, par ce prétendu naturel qu'il exècre tant et qui devient si à la mode.

« Je n'aime pas le naturel. J'aime le vrai et le vrai n'a rien à voir avec le naturel. Ce qu'on appelle " naturel ", c'est une certaine convention, un peu plate et banale dans une manière de vivre réputée " courante ". Mais rien n'est plat, ni banal pour celui qui vit. Rien. Jamais. Quelle bêtise de le penser ! L'acte même d'aller faire ses courses n'est pas banal : pourquoi va-t-on chez tel ou tel commerçant, pourquoi achète-t-on ça ou ça ? On a toujours des raisons précises, ou accidentelles ou inconscientes.

« Rien n'est naturel, même le fait d'enfiler sa veste : il y a des jours où on la passe en y pensant, d'autres non. Tout est toujours miraculeusement nouveau et en même temps bizarre, si on y réfléchit.

« Rien n'est ordinaire. On peut regarder bêtement s'il y a des voitures avant de traverser la rue, et être sous le coup d'une émotion folle sans que rien transparaisse pourtant du choc terrible qu'on est en train d'éprouver. Rien n'est " courant ".

« Alors quand je vois des acteurs qui jouent soi-disant " naturel ", quotidien, c'est-à-dire plat et terne, je me dis : " Mais qu'ils réfléchissent deux minutes à la situation qu'ils sont censés vivre ! Il y a des tas de sensations à imaginer pour éviter au spectateur ce sentiment de déjà-vu. Ce naturel-là qu'ils nous débitent, c'est la facilité, la paresse... " A tel point d'ailleurs que le plus souvent, même à la télévision, même entourés de micros, on n'entend plus les acteurs ! Ils sont si naturels, qu'ils ne se donnent plus la peine d'articuler. »

Le cinéma l'a déçu, les ambitieuses dramatiques d'antan disparaissent au profit de gentils téléfilms niaisement « naturalistes ». Michel Bouquet retourne sans nostalgie dès 1975 à ses premières amours théâtrales avec *Monsieur Klebs et Rosalie* de René de Obaldia : « Je n'ai jamais la nostalgie de grand-chose. Je suis toujours davantage inquiet et désespéré de l'avenir du monde que nostalgique du passé. »

Quelques films pourtant continuent de pimenter sa carrière, même si le paysan qu'il est ne croit plus guère à son avenir cinématographique, avoue s'être laissé embourbé par ses absences de choix, ses envies d'être présent à n'importe quel prix sur le grand écran. Dans *Vincent mit l'âne dans un pré* de Pierre Zucca en 1975, il interprète ainsi à merveille le père aveugle et menteur impénitent de Fabrice Luchini, un homme insaisissable, incontrôlable, constamment énigmatique. Seize ans plus tard, en 1990, le cinéaste belge Jaco Van Dormaël lui offre, dans *Toto le héros*, un personnage de raté grandiose, un être qui a gâché sa vie par mesquine jalousie de son voisin et qui décide in extremis de la magnifier en tragédie, de se nier radicalement pour devenir enfin baroque personnage de fable. Drôle et terrifiante composition. Michel Bouquet y fait s'y rejoindre Beckett, Pinter, les surréalistes et les clowns. Frôle le fantastique et la démesure. Rien de naturel dans ce jeu-là. Rien que du vrai.

Mais le comédien, sans doute, recommence à faire peur. Plus encore qu'autrefois. Auréolé de ses triomphes chez Molière, Diderot, Beckett et Ionesco, de son statut mérité de monstre sacré de théâtre et de fin connaisseur des grands textes, il doit intimider les cinéastes qui ne songent guère à le distribuer. Il faut une jeune metteuse en scène audacieuse — la première femme qui le dirige — pour tenter l'aventure. « Je dois être un substitut de son père », sourit modestement Michel Bouquet.

Car c'est d'un rôle de père qu'il s'agit encore dans *Comment j'ai tué mon père* d'Anne Fontaine. Un père médecin qui réapparaît sans prévenir après trente ans d'absence, après avoir brutalement abandonné ses deux jeunes fils pour obéir à sa vocation : partir soigner les malades en Afrique. Le film décrit sans complaisance ni sentimentalisme le choc des retrouvailles. Quelque part à Versailles où l'aîné (Charles Berling) est devenu un riche gérontologue, ardent défenseur d'une médecine de luxe, exactement à l'opposé de la médecine d'urgence pratiquée par son lâcheur de père. Pourquoi ce dernier revient-il ? Et revient-il vraiment ? Quand a-t-il été tué, au sens freudien du terme, par ses enfants : avant, après son retour ? Voilà des questions que la cinéaste laisse sans réponse, nous décrivant juste avec une implacable rigueur la terrible et tragique histoire d'un manque, côté fils et côté père.

Un manque dont Michel Bouquet personnellement parle peu. Il avouera juste que, de plus en plus, il retrouve en lui des traces de son propre père, ce père qu'il se reproche aujourd'hui de n'avoir pas assez aimé, pas assez compris. Il dit aussi qu'il n'a jamais regretté de n'avoir pas eu d'enfants, que le fils et la fille de Juliette qu'il a élevés et aimés dès leur plus jeune âge, qui portent son nom, lui ont toujours suffi, qu'ils sont les siens. « Par rapport aux exigences de mon métier, j'aurais trouvé irresponsable d'avoir des enfants. Mais est-ce la vraie explication que celle-là ? Après tout, je ne sais pas... »

Dans ce film sans complaisance, sans mièvre romantisme, où jamais les êtres ne s'apitoient sur eux-mêmes, ne sombrent dans la culpabilité mais affrontent les faits, assument leur destin, Michel Bouquet parvient au comble de son art. Etre d'une présence totale, opaque, presque dérangeante et pourtant sembler toujours ailleurs, au-delà, à jamais insaisissable. L'image même de l'être aimé qu'on n'arrive jamais à retenir assez ; tant les fantasmes, les craintes qu'il déclenche le rendent à la fois proche et lointain : là et déjà parti, vivant et déjà mort.

Le comédien si miraculeusement présent-absent semble enfin ici s'être offert à la caméra sans résistance, s'être abandonné à l'objectif sans a priori ni théorie, juste avec les ombres, les fantômes qu'il porte en lui depuis des années et des années de comédie et qui l'accompagnent comme par magie. « Voyant la qualité du travail d'Anne Fontaine, sa volonté de fer, son intransigeance, j'avais décidé que j'obéirais à toutes ses indications. Son talent le méritait. Elle m'a fait parfois recommencer une scène vingt ou trente fois ! Je n'avais jamais accepté ça d'aucun autre. Mais les femmes, je l'ai remarqué, ne se contentent pas d'explications intellectuelles. Elles veulent l'incarnation. Tant qu'on n'y parvient pas, on recommence...

« Les indications d'Anne Fontaine étaient toujours concrètes, physiques, jamais psychologiques. Elle me disait : " Détendre, détendre. Pas trop de concentration ! " Petit à petit, elle m'a amené à ce qu'elle voulait. Presque sans que je m'en rende compte. Grâce à elle, j'ai enfin compris ce que devait être un acteur de cinéma. Elle m'a ouvert la porte qui si longtemps s'était sur moi refermée. Fallait-il une femme pour obtenir cet accouchement d'un vieil acteur de soixante-quinze ans ? J'ai été si long-temps intraitable. Mais je m'adoucis avec le temps. Je redeviens le vieil enfant rêveur, un peu absent, qu'on collait au piquet. Vive le piquet ! Rêvons seul dans notre coin. La vie n'est vraiment belle que jouée.

ÉPILOGUE

Je me suis toujours laissé diriger par le destin. Je n'ai jamais rien demandé, jamais rien provoqué, je n'ai jamais passé le moindre coup de téléphone pour obtenir le moindre rôle.

Je crois à la fatalité. Si vous vous y soumettez, elle vous écoute, fait quelque chose pour vous.

Je crois aux signes. J'ai toujours eu le sentiment d'être choisi. Appelé. D'obéir à une vocation. Les péripéties de la vie alors ne m'ont jamais réellement troublé. J'étais trop orgueilleux pour souffrir du quotidien ; pour reconnaître que je pouvais souffrir du quotidien.

Maintenant je vais attendre. Peut-être referai-je du cinéma ? J'ai peur de ne pouvoir plus tenir de grands et longs rôles au théâtre. Et depuis mes trois derniers spectacles, je commence à redouter les trous de mémoire, à sentir qu'ils peuvent venir...

Va-t-il falloir apprendre à vivre sans jouer ? Je vais attendre...

Avec la modeste satisfaction d'avoir jusqu'à présent res-pecté la route que je m'étais choisie, d'avoir fait de mon mieux. Un acteur vit toujours avec l'espoir de faire mieux. Et la certitude de ne pas y arriver... Reste à creuser son sillon. Je vais continuer le sillon.

Je vais attendre.

TABLE

Cet ouvrage a été composé par
Graphic Hainaut (59163 Condé-sur-l'Escaut)
et imprimé par la Société Nouvelle Firmin-Didot
Mesnil-sur-l'Estrée
pour le compte de la librairie Plon
Achevé d'imprimer en octobre 2001

Imprimé en France
Dépôt légal : août 2001
N° d'édition : 13394 - N° d'impression : 57308